EM SEGREDO

GEORGES CHEVROT

EM SEGREDO

2ª edição

São Paulo
2022

Título original
En secret

Copyright © 1991 by Marcel Chevrot, Paris

Capa
Gabriela Haeitmann

Dados Internacionais de Catalogação na Publicação (CIP)

Chevrot, Georges
   Em segredo / Georges Chevrot. – 2ª ed. – São Paulo : Quadrante, 2022.

   Título original: *En secret.*
   ISBN: 978-85-7465-405-8

   1. Vida cristã 2. Religião. I. Título

   CDD 248.4

   200

Índice para catálogo sistemático:
1. Vida cristã : Cristianismo 248.4
2. Religião 200

Todos os direitos reservados a
QUADRANTE EDITORA
Rua Bernardo da Veiga, 47 - Tel.: 3873-2270
CEP 01252-020 - São Paulo - SP
www.quadrante.com.br / atendimento@quadrante.com.br

Sumário

Em segredo 9

A retidão de intenção 17

Vanglória 25

A caridade fraterna 33

O tempo da oração 41

O lugar da oração 47

O encontro com Deus 55

A oração confiante 65

A oração sincera 75

A paternidade de Deus 85

A fraternidade humana 93

A adoração 101

O reino de Deus 109

A nossa ação missionária 117

Fazer a vontade de Deus 125

Querer o que Deus faz.. 133

O pão nosso 141

O perdão de Deus 149

O perdão do homem... 157

A tentação 165

A libertação 173

O significado do jejum.. 183

O ascetismo Cristão 191

A luz interior.. 199

Viver no presente 207

O valor de um dia 215

PRIMEIRA PARTE

Em segredo

Guardai-vos de praticar a vossa justiça diante dos homens, para que vos vejam; de outro modo, não tereis recompensa diante do vosso Pai que está nos céus.

Quando, pois, deres esmola, não vás tocando a trombeta diante de ti, como fazem os hipócritas nas sinagogas e nas ruas, para serem louvados pelos homens; em verdade vos digo, já receberam a sua recompensa. Mas tu quando deres esmola, não saiba a tua mão esquerda o que faz a direita, para que a tua esmola fique em segredo, e teu Pai, que vê o que se passa em segredo, te recompensará.

E, quando orardes, não sejais como os hipócritas, que gostam de orar em pé nas sinagogas e nas esquinas das ruas, para serem vistos pelos homens; em verdade vos digo: já receberam a sua recompensa. Mas tu, quando orares, entra no teu quarto e, fechada a porta, ora a teu Pai, que está em segredo; e teu Pai, que vê o que se passa em segredo, te recompensará.

E, orando, não sejais loquazes como os gentios, que pensam que serão escutados por causa do seu muito falar. Não vos assemelheis, pois, a eles, porque vosso Pai conhece as coisas de que necessitais antes de lhas perdirdes [...].

Quando jejuardes, não vos mostreis acabrunhados como os hipócritas, pois desfiguram o rosto para que os homens vejam que jejuam; em verdade vos digo: esses já receberam a sua recompensa. Mas tu, quando jejuares, unge a cabeça e lava o rosto, para que os homens não vejam que jejuas, senão só teu Pai, que está em segredo; e teu Pai, que vê o que se passa em segredo, te recompensará.

Mt 6, 1-18

Em segredo

E teu Pai, que vê o que se passa em segredo, te recompensará.

Mt 6, 4

O discurso com que Cristo dá início à sua pregação, habitualmente chamado «Sermão da Montanha», começa pelas *Bem-aventuranças*, em que o Mestre ensina o que os cristãos *devem ser*: homens completamente dedicados a Deus, livres e corajosos, independentes e ativos, de uma consciência reta, de um caráter íntegro e de um coração cheio de bondade. Depois de apontar aos discípulos o que devem ser, Cristo indica-lhes *o que devem fazer*, pois não podem contentar-se com uma virtude mediana. Com a autoridade que recebeu de Deus, (*Eu, porém, vos digo...*), promulga os mandamentos da «nova lei», que não é mais do que a moral eterna, mas vivida até a perfeição, com um espírito novo. Ao egoísmo ancestral, o discípulo deve substituir a caridade que leva à santidade. Já comentamos em outra obra as duas primeiras partes deste discurso[1].

Seguindo o texto de São Mateus, daremos ainda mais um passo na escola do Mestre, que agora nos ensina que a verdadeira perfeição não consiste na minuciosa exatidão com que se cumprem os deveres. O que qualifica uma ação é, antes de mais nada, a intenção do autor, como Cristo nos explica, servindo-se do exemplo de «três obras de justiça», entendendo por tais as que tornam o homem justo aos olhos de Deus: a esmola, a oração e o jejum. Observadas durante séculos pelo povo judeu, essas obras passaram, como é natural, para os hábitos do povo cristão. Todos os anos, durante a Quaresma, a Igreja lembra-nos a obrigação de as cumprirmos.

É digna de nota em primeiro lugar a forma simétrica desses três parágrafos. À cabeça vêm os homens que procuram a admiração do público e que Jesus nos proíbe de imitar. O final da frase constitui a sua condenação: *Em verdade vos digo, já receberam a sua recompensa*. Depois, Cristo define as únicas disposições que são agradáveis a Deus, e também esta segunda parte termina, pelas três vezes, da mesma maneira: *...e teu Pai, que vê o que se passa em segredo, te recompensará*.

Não é inútil observar a ordem por que são apresentadas as três obras. À pergunta: «Como se reconhece que uma pessoa é religiosa?», muitos respondem com certeza: «Porque reza». Não é a oração a característica e o primei-

---

(1) Cf. Georges Chevrot, *O Sermão da Montanha*, 2ª ed., Quadrante, São Paulo, 1988.

ro dever do fiel? Cristo, porém, menciona-a apenas em segundo lugar. No capítulo precedente (cf. Mt 5, 23-24), tinha ordenado ao cristão que, quando fosse apresentar a sua oferenda diante do altar, se se lembrasse de que o seu irmão tinha alguma coisa contra ele, deixasse a oferenda diante do altar e fosse primeiro reconciliar-se com o irmão; e viesse depois apresentar a sua oferenda. É indubitável que primeiro se deve servir a Deus, mas a caridade para com o próximo faz parte do amor a Deus. Por outro lado, se a sinceridade da nossa oração exige que tenhamos caridade com os outros, exige também que obedeçamos inteiramente aos mandamentos de Deus. Portanto, é indispensável recorrermos a uma disciplina firme para não cometermos o mal. Esta disciplina, cujo modelo clássico é a abstinência (ou o jejum), pode assumir, como havemos de ver, formas diversas.

As três obras de religião referidas pelo Senhor reclamam-se e ligam-se umas às outras. A esmola não dispensa a oração, como a austeridade não substitui a caridade fraterna. Cristo não as classificou por ordem de valor; nesse caso, a oração teria sido a primeira; classificou-as por ordem de execução. O discípulo de Cristo deve ter caridade, deve rezar e deve mortificar-se.

Mas o que deve atrair a nossa atenção é a condição essencial apontada por Cristo, quando diz que cada uma dessas obras deve ser realizada *em segredo*. Entre nós e o Pai, que vê o que se passa em segredo, não deve interpor-se nenhuma influência estranha, nenhum testemunho indiscreto, nenhum desejo pessoal: «Que as tuas boas obras fiquem *em segredo*. Ora a teu Pai, onipresente, *em segredo*. Não mostres que jejuas; mostra-o apenas ao teu Pai, que vê o que se passa *em segredo*». Desta insistência propositada depreendem-se ensinamentos vários sobre o nosso comportamento religioso e, em primeiro lugar, a convicção de que a vida cristã é uma «vida oculta». São Paulo, ao analisar os efeitos do batismo, que nos une à morte e à ressurreição de Cristo, escreve assim: *A vossa vida está escondida com Cristo em Deus* (Cl 3, 3).

Pode perguntar-se, então, como é que o nosso cristianismo há de constituir um testemunho. Viver como cristãos há de ser mostrar a nossa fé em todas as circunstâncias. Ainda que não constituísse um dever, o verdadeiro fiel experimentaria sem dúvida o impulso interior de fazer com que os outros participassem das suas convicções e do seu entusiasmo. Reparemos, porém, no nosso modelo.

Cristo foi extraordinariamente discreto. Falou ao mundo apenas durante três anos. Do resto da sua vida, podemos dizer que nada sabemos. Apenas por um instante, aos doze anos, levantou levemente o véu com que escondia a sua personalidade, e fê-lo para dizer a Maria e a José que devia *ocupar-se das coisas do Pai* (Lc 2, 49). É tudo o que conhecemos de uma vida que, apesar de completamente semelhante à nossa, já vinha operando a redenção dos homens. No silêncio de Nazaré, rezava, trabalhava, era bom filho, bom companheiro, bom artífice: e assim fazia andar «as coisas do Pai» e começava a transformar o mundo.

Começada a vida pública, prega a mensagem que veio transmitir aos homens. Foge, porém, da publicidade. Quando cura um leproso, diz-lhe: *Não o digas a ninguém* (Mt 8, 4). Faz a mesma recomendação quando ressuscita a filha de Jairo: *Recomendou-lhe com insistência que ninguém o soubesse* (Mc 5, 43). Não tem pressa em falar de si. Os discípulos esperaram dois anos para que lhes desse a conhecer a sua natureza divina. E quando foi necessário dar dela uma ideia aos três Apóstolos a fim de os convencer, proibiu-os, ao descer da montanha onde se tinha transfigurado diante deles, de falar dessa visão antes de ressuscitar dos mortos. A quem queria associar-se à sua obra, dizia: *Vem e segue-me* (Mc 10, 21). Segui-lo era desaparecer, escutá-lo em segredo, refletir e permanecer em silêncio.

Também para nós a vida cristã é, em primeiro lugar, uma vida oculta. Não poderemos seguir Cristo se não fizermos silêncio no nosso dia, para nos unirmos a Deus *em segredo*. O silêncio é a atmosfera da santidade. É certo que o Mestre nos mandou dar testemunho dEle, mas, se não tivermos vida interior, não poderemos fazê-lo. É frequente confundir o apostolado com a propaganda, de modo que, sob o pretexto de dar testemunho da fé, se desencadeiam polêmicas acesas que raramente convencem.

Estamos persuadidos de que transmitimos aos outros aquilo que *sabemos*. A intenção é digna de louvor, mas temos necessidade de silêncio, para vermos a verdade antes de a comunicarmos, e a fé não instrui a não ser na meditação e na oração. A ação eficaz consiste em dar aos outros aquilo que somos, o que a fé fez de nós; e, como a ação se apodera de nós, absorvendo-nos e distraindo-nos, corremos o risco de desdobrar a nossa personalidade. É necessário recolhermo-nos com frequência a sós com Deus. Para podermos conduzir-nos exteriormente como católicos, temos primeiro de viver interiormente como cristãos. A vida cristã desenvolve-se *em segredo*, como é no segredo da terra que a planta germina e prepara a cor das suas flores e o sabor dos seus frutos.

Não se pode cair na impertinência de ver uma contradição entre a necessidade de discrição e a ordem que Cristo nos dá de sermos a luz do mundo. Se o cristão oculta as esmolas que dá, fecha a porta do quarto para que não o vejam rezar, esconde a severidade dos jejuns sob o perfume dos cabelos, a sua conduta não deixará de servir de exemplo aos outros? Seria uma interpretação errônea do pensamento de Cristo.

O Senhor não conta com a nossa ostentação para ensinar os outros; conta com a nossa *vida interior.* A nossa conduta será tanto mais edificante quanto menos precipitada for. O bem que fazemos é o bem que ignoramos, porque não pensamos em «nos mostrar». O apostolado não é uma atitude, é irradiação de uma chama interior. Na realidade, só Deus pode atuar sobre a alma dos nossos irmãos; nós não passamos de instrumentos. Não somos nós que influímos nos outros, é Deus por nosso intermédio, pelo que faz de cada um de nós no segredo da nossa vida pessoal. Ele nos pede unicamente que cumpramos o nosso dever. O resto é com Ele. É indubitável que os homens hão de reparar em nós; mais, observam-nos. Não podemos evitar os seus olhares, dizia o Mestre, assim como uma cidade situada sobre um monte é necessariamente vista de todas as redondezas. Mas se lhes mostramos o bem que fazemos, veem-nos a nós e louvam-nos. Se, pelo contrário, trabalhamos para Deus, sem a preocupação de sermos vistos pelos homens, os homens verão a Deus por nosso intermédio.

O público poderá conhecer a nossa liberalidade e as nossas práticas religiosas: os frutos da nossa vida interior pertencem a todos. Porém, devemos conservar escondido o trabalho da seiva que os fez nascer e as condições que os fizeram amadurecer. Se se descobre a terra que a esconde, a semente murcha e morre. Os homens podem ver o que Deus faz e ficar edificados de o ver: mas o que nós fazemos para Deus e o que Deus faz em nós, não devemos dá-lo a conhecer a ninguém. É um *segredo* entre Ele e nós. O silêncio é a castidade das almas.

É bom ouvir Cristo dar-nos a certeza de que não é necessário fazermos barulho, sermos vistos em toda a parte, que falem de nós. Onde Deus nos colocou, na nossa família, entre os mil afazeres do dia a dia, no escritório, na oficina, no banco do artífice ou na cozinha – na obscuridade do nosso dia –, *em segredo*, podemos dar glória a Deus e servir os nossos irmãos, que é nisso que consiste a vida cristã.

A retidão de intenção

> *Guardai-vos de praticar a vossa justiça diante dos homens, para que vos vejam; de outro modo, não tereis recompensa diante do vosso Pai que está nos céus.*
>
> Mt 6, 1

Um ato bom em si mesmo só é agradável a Deus se o fazemos para obedecer à sua lei e para demonstrarmos o nosso amor. Esta intenção constitui um segredo entre Deus e nós. Uma intenção boa pode salvar ações imperfeitas. Uma intenção má vicia as melhores ações; o ato pode ser bom e benéfico, mas, se for corrompido na sua fonte, perde todo o valor aos olhos de Deus.

Cristo aponta-nos uma primeira intenção não reta na publicidade que se procure dar às boas obras para suscitar e receber a admiração do semelhante. «Guardai-vos», diz, «de exibir os vossos atos de virtude diante dos homens para serdes vistos por eles».

É preciso compreender bem o pensamento do Salvador. É evidente que não aconselha os seus discípulos a ocultar-se para fazer o bem, o que seria outra forma de afetação. As nossas ações não podem escapar a uma certa publicidade, de que aliás Cristo espera bons efeitos. «Que a vossa luz brilhe diante dos homens, não para que vejam as vossas obras, mas para que glorifiquem o vosso Pai dos céus, ao verem o vosso modo de agir» (cf. Mt 5, 14-16). O apreço dos homens é uma *consequência* lógica e legítima das boas ações do cristão; mas não deve ser *o fim* delas.

Deste modo, o dever de estado obriga os pais a dar aos seus filhos o exemplo das virtudes que devem cultivar. Convém que os filhos saibam que seus pais rezam, e não devem ignorar que praticam o bem. Ao instruí-los discretamente sobre o que fazem, os pais limitam-se a instruí-los sobre os seus deveres. Pretendem que os imitem, não que os admirem. A conduta exemplar dos cristãos é um dos meios que Deus quer utilizar para estender o seu reino sobre a terra, mas dariam o mais detestável dos exemplos se agissem pelo efeito que procuram produzir. Nisto consiste o vício da intenção que Cristo denunciou.

Seria ainda falsear a doutrina evangélica supor que, quando se diz que não demos importância à opinião dos homens a nosso respeito, somos convidados a desprezá-la em todas as circunstâncias. Não há desprezo sem orgulho, e não há vício que não seja contrário ao espírito do Evangelho. Cristo convida-nos a não pautar a nossa conduta pelos juízos favoráveis ou desfavoráveis dos outros. Porém, tanto uns como outros podem ser-nos proveitosos. Em princípio, a aprovação dos semelhantes não é de des-

A RETIDÃO DE INTENÇÃO 19

denhar; muitas vezes é necessária. Voltando ao caso dos filhos: têm necessidade do incentivo dos pais, quando os felicitam pelo seu trabalho, e ninguém os censurará por estudarem com a intenção de agradar. Semelhante intenção é indubitavelmente reta, pois está de acordo com um mandamento da lei de Deus.

Ora, em qualquer idade é estimulante sabermo-nos apoiados pela consideração das pessoas de bem. O homem é um ser social; dificilmente pode passar sem ter a seu lado alguém que o aprove, que lhe dê conselhos, que lhe faça críticas e o encoraje. «É próprio da virtude da caridade louvar o irmão para o animar a progredir no bem». Uma vez que este louvor é um bem, recebê-lo não pode ser defeito. Cuidemos apenas de discernir a parte de benevolência que existe nos elogios que nos tributam, e consideremo-los, sobretudo, como um motivo para os merecermos realmente. Não nos mostremos admirados quando nos dão os parabéns: é falsa modéstia. O elogio é inofensivo para aqueles a quem a censura não deprime. O cristão aceita tranquilamente e sem exagerar tanto as felicitações como as censuras. Os elogios indicam-lhe o caminho a seguir; as admoestações dão-lhe a conhecer os perigos que corre. Os cumprimentos não o exaltam, as críticas não o amesquinham. Tem presentes as palavras da *Imitação*: «Não és melhor porque te louvam, nem pior porque te censuram. Tu és o que és»[1].

Coisa diferente de aceitar um louvor é procurá-lo, e é isto o que Cristo nos proíbe. Fazer o bem para atrair os

_____

(1) Tomás de Kempis, *Imitação de Cristo*, 1, II, c. 6.

olhares dos homens *seria perder completamente a recompensa do Pai dos céus.*

Cristo repete por três vezes essa afirmação. Quem dá esmola, reza ou jejua para ser visto pelos homens nada tem a esperar de Deus: «já recebeu a sua recompensa». Trata-se, antes de mais nada, de uma questão de justiça. Essa pessoa conseguiu o que procurava: olhares de admiração, elogios talvez sinceros, um caudal de felicitações, de que amanhã não restará nada. Mas no fundo fracassou, pois um ato religioso que não atinge Deus não tem sentido; ora, Deus não recebe senão aquilo que lhe damos sem antes o termos oferecido a outros. O que confere às nossas boas obras valor atual – e eterno (o tesouro acumulado no céu) – é, juntamente com a intensidade do nosso amor, a pureza das nossas intenções, que devem ser postas em prática única e simplesmente por Deus. *Quer comais, quer bebais ou façais qualquer outra coisa, fazei tudo para a glória de Deus* (1 Cor 10, 31).

A esmola que agrada a Deus são as duas pequenas moedas que a pobre viúva lhe entrega; a oração que agrada a Deus é a súplica do publicano que, encolhido num canto do templo, implora o seu perdão; o jejum que agrada a Deus é o perfume do bálsamo da pecadora desconhecida, que chora, indiferente aos sarcasmos dos convivas. «Não olheis para os homens, repete-nos o Senhor. Que os vossos olhares sejam para o vosso Pai que está nos céus e nessa antecâmara do céu que é o vosso coração. O que fizerdes por Ele, o Pai vo-lo recompensará».

Não deixarão de nos objetar: «A busca da consideração pública, a preocupação pelo juízo dos outros ou, muito simplesmente, "os olhares dos homens" não nos impedem muitas vezes de fazer o mal, quando não nos obrigam a agir bem?»

Não negaremos a influência do «respeito humano», tradução clássica da expressão «os olhares dos homens». Se funciona frequentemente contra os bons sentimentos, e alguns transigem com a sua consciência com medo do «que dirão», acontece também que a presença dos outros e o desejo de atrair a sua estima pode ser um estímulo para o dever. A sós, furtamo-nos a ele; em público, não ousamos subtrair-nos. A sós, esses cristãos teriam cedido à cólera, à avareza ou à covardia. Mas havia testemunhas, e, graças a elas, este moderou a sua cólera, aquele puxou pelos cordões da bolsa, aquele outro prometeu aderir a uma causa justa. E deste modo a publicidade leva a praticar ações boas: evitou-se uma discussão, os pobres foram socorridos, uma obra social conta com a adesão de mais um.

Mas esses cristãos não ouvem na sua consciência a censura do Evangelho? «Se não tivesse havido alguém que te visse, tu terias insultado o próximo, terias despedido um pedinte necessitado ou terias negado a tua adesão àquela obra boa. Procuraste, em primeiro lugar, a reputação, fizeste o bem por concessão à galeria. A tua virtude não passa de aparência».

Cristo lembra-nos este princípio fundamental: não basta *parecermos* bons, é preciso *sermos* bons realmente. É por isso que nos aponta «os olhares dos homens» como uma armadilha traiçoeira. O desejo da estima dos outros constitui, com efeito, um perigo, tanto por causa das suas consequências imediatas como dos desvios a que pode dar lugar.

Quem procura o louvor dos homens é levado a querer passar por melhor do que na realidade é, e lança-se pelas vias tortuosas da hipocrisia. Para conquistar felicitações, pode ser tentado a adiantar-se a adular os outros com a esperança de que o adulem a ele. Se por acaso não consegue a admiração que pretende, a amargura o corrói por dentro, julga-se incompreendido ou vítima de uma injustiça. Tem inveja dos que alcançam melhores resultados do que ele. O seu insucesso desencoraja-o, se não o perverte.

E – o que é mais grave –, para conseguir a aprovação dos outros, arrisca-se a cometer ações menos retas. À força de dar ouvidos aos aplausos, deixa de procurar o seu dever, no íntimo da sua consciência, sob o olhar de Deus. Pouco a pouco, passa a tomar como critério das suas ações o desejo de ser uma pessoa influente, ou o medo da troça, ou as conveniências sociais, ou a mania de que falem bem dele. Deste modo, os contornos do dever e da virtude esfumam-se. O *desejo* da opinião dá lugar ao *medo* da opinião. Pode-se mesmo chegar a cometer ações dignas de repreensão. A queda é inevitável. Para agradarmos aos outros, começamos por deixar de ser nós mesmos. Apresentamo-nos, umas vezes melhores, outras vezes piores do que somos, de acordo com o meio em que nos encontramos. A longo prazo, acabamos por pender para o lado de onde nos vêm mais facilmente os sorrisos e os cumprimentos – que será, pelo menos, o lado da mediocridade.

Felizmente, o grito de São Paulo tira-nos deste lodaçal: *Se ainda procurasse agradar aos homens, não seria servo de Cristo* (Gl 1, 10). E noutra ocasião o Apóstolo respondia da seguinte maneira a alguns fiéis de Corinto que criticavam

A RETIDÃO DE INTENÇÃO 23

o seu apostolado: *Pouco me importa ser julgado por vós ou por qualquer outro juiz humano. Pois nem eu me julgo a mim mesmo. O meu juiz é o Senhor* (1 Cor 4, 3-4).

São palavras de sabedoria, as do Apóstolo. Que significam os juízos humanos, tanto os que nos condenam como os que nos canonizam, tanto os nossos como os dos outros? São sempre incompletos, sujeitos a erro, muitas vezes interesseiros e, sobretudo, sem consequências. Não os elevemos à regra da nossa moralidade. Mesmo que tenhamos agido bem, sempre encontraremos homens que nos desaprovem, alguns deles até sem maldade. Inversamente, haverá também quem nos aprove, mesmo quando vamos por mau caminho. Lembremo-nos destas linhas em que Pascal ridiculariza o nosso pobre amor-próprio: «Temos tanta presunção que desejaríamos ser conhecidos de toda a terra, mesmo das pessoas que hão de viver quando já tivermos morrido; e, no entanto, somos de tal modo vãos que a estima de cinco ou seis pessoas que nos rodeiam nos agrada e nos contenta».

Só Deus tem o direito de nos julgar, porque só Ele pode julgar, não apenas as nossas ações, mas as nossas *intenções*. Entre as surpresas que nos esperam no dia do Juízo Final, a menor não será o silêncio do Senhor sobre algumas ações que nos valeram os aplausos dos nossos semelhantes. Aquilo que nós tomamos por grandes façanhas, Ele ignorá-lo-á. Em contrapartida, é possível que inscreva no nosso ativo algumas ações que nos mereceram críticas, censuras ou condenações. Nem flores nem coroas; o nosso juiz é o Senhor. É a Ele que temos de agradar.

Deus queira que, quando tivermos de prestar contas, possamos, como os primeiros servidores da parábola, ter-

-nos mostrado fiéis em pequenas coisas – seria bom podermos dizer até nas coisas mais insignificantes. Se ao menos o pouco bem que tivermos feito o tivermos feito por Deus, ouviremos a resposta bem-aventurada: *Muito bem, servo bom e fiel; entra no gozo do teu Senhor* (Mt 25, 23).

Vanglória

Quando deres esmola, não saiba a tua mão esquerda o que faz a direita.

Mt 6, 3

O valor das nossas ações reside na intenção que nos move. O Senhor preveniu-nos em primeiro lugar contra a busca do efeito a produzir. Se o pensamento dos outros não deve abandonar-nos quando se trata de lhes respeitar os direitos, de os socorrer nas suas necessidades ou de lhes proporcionar um bem, por outro lado não devemos procurar que nos agradeçam ou nos elogiem.

Convém reparar que Cristo tratou de *hipócritas* pessoas religiosas que praticavam boas obras para serem vistas pelos homens. A acusação poderia parecer severa. Etimologicamente, hipócrita é aquele que traz uma máscara, como os atores da comédia antiga.

No palco, o ator dissimula: passa por aquilo que não é, diz o que não pensa, afeta um sentimento contrário às suas reais disposições, manifesta o exterior de uma virtude que não pratica. Ora, os homens que rezam e jejuam não fazem um simulacro, pois realizam obras efetivamente boas. Onde se encontra, então, a máscara que Cristo lhes quis arrancar? A máscara consiste precisamente em *dissimularem a sua verdadeira intenção*. Fingem honrar a Deus e fazer a sua vontade, quando o que procuram é o louvor dos homens, e obedecem apenas à sua vaidade. Não são o que querem parecer. Nisto consiste a sua hipocrisia. Deus, que tem misericórdia de todas as nossas fraquezas, não tolera em nós uma falta de sinceridade.

Se, porém, não devemos praticar o bem para deslumbrar os que nos rodeiam, não devemos por outro lado envaidecer-nos aos nossos próprios olhos. A complacência que temos de nós mesmos – essa que classicamente se chama *vanglória* – cedo se transforma em busca de nós mesmos: já não é Deus sobre todas as coisas que temos em vista; e em consequência desse desvio, a retidão das nossas intenções é novamente falseada.

Cristo denuncia semelhante deformação na doutrina sobre a esmola, e recorre a uma metáfora: *Quando, pois, deres esmola, não faças tocar a trombeta diante de ti*. Hoje diríamos: «Não anuncies, não proclames a todos os ventos o bem que fazes. Deixa que as pessoas o ignorem. Pelo menos, não é a ti que compete revelá-lo».

O Mestre vai mais longe: «O ideal seria que ignorasses o bem que fazes. Mas, como isso é impossível, esforça-te por não te lembrares dele». Dá ao seu pensamento uma volta deliberadamente paradoxal, graças a uma imagem transformada em provérbio: *Não saiba a tua mão esquerda o que faz*

VANGLÓRIA

a direita. A lição que encerra não vale apenas para a esmola, vale para todas as boas ações. Para não nos comprazermos nelas, o melhor é não pensarmos nelas. Deve-se reconhecer, no entanto, que a análise do problema é delicada. Efetivamente, é da natureza do bem produzir felicidade, e, consequentemente, faz parte dos planos divinos que sintamos uma alegria íntima quando praticamos o bem. E não se pode desprezar esta manifestação da nossa consciência moral, porquanto constitui um poderoso sustentáculo. Se sacrificamos uma vantagem material à nossa honestidade, a alegria de termos sido fiéis é a resposta imediata de Deus à nossa boa ação, é uma compensação, ou, como diz o Evangelho, uma «recompensa» legítima.

No entanto, convém estarmos prevenidos, pois esta satisfação da consciência pode ter vários objetos, pelo menos para os cristãos. Temos todo o direito de nos sentirmos felizes por não termos ofendido a Deus, por lhe termos dado glória com a nossa obediência – felizes também com a felicidade que o bem que fizemos levou a um dos nossos semelhantes. Felizes porque qualquer boa ação contribui para dilatar o reino de Deus, na medida em que eleva o nível da humanidade; é legítimo ficarmos satisfeitos com ela. Convém, todavia, não nos precipitarmos no beco sem saída que seria transformar a alegria legítima do bem praticado na admiração ingênua pelo seu autor. Cristo quer evitar precisamente que nos fechemos em nós mesmos. A regra do Evangelho é não deixarmos que o nosso espírito se demore no bem que fazemos, nem no momento em que o fazemos, nem depois.

Esta proibição funda-se em razões de fato e em razões de direito.

De fato: a satisfação pessoal que tiramos de um ato de generosidade, de coragem, de paciência, é *consecutiva* à ação praticada, e é quase impossível não a sentir. Mas se nos comprazemos nela, transforma-se rapidamente na *intenção* que nos move a agir, e esta busca egoísta de nós mesmos é incompatível com a verdadeira virtude. O orgulho desfigura todas as virtudes.

Toda gente ouviu falar de oradores que escutam as suas próprias palavras. Essa deformação confere às suas palavras qualquer coisa de artificial e contamina o que eles dizem, de modo que ninguém lhes presta atenção. O mesmo acontece quando se olha complacentemente para aquilo que se faz. Deixa-se de ser natural. Abandona-se o caminho da verdade. É impossível reunir na mesma pessoa o herói e o admirador. Quando nos contemplamos, tornamo-nos espectadores, e o espectador apenas tem diante de si um ator, um personagem fictício. A alternativa é categórica: ou atuamos ou nos admiramos a nós mesmos. Não queiramos ser daquelas pessoas de quem um humorista dizia que «se põem à janela para se verem passar na rua».

Se queremos fazer o bem, não podemos pensar em nós, mas apenas naquilo que fazemos. Nunca uma dona de casa poderia executar qualquer trabalho, nem um artista uma obra, contemplando os seus gestos num espelho. A sua atenção, ao incidir sobre eles, desviar-se-ia do trabalho, que ficaria mal feito. Se nos contemplamos ao fazermos o bem, fazemo-lo menos bem: o que contemplamos no espelho não é o bem, somos nós mesmos.

É realmente difícil não cedermos, em pouco que seja, à vanglória, e, dedicando-nos completamente ao bem, não desviarmos de tempos a tempos o olhar para nós mesmos, quanto mais não seja para comprovar que o trabalho está bem feito. «Quanto mais multiplicais as boas obras, dizia São João Crisóstomo, mais multiplicais as ocasiões de vos vangloriardes». E São Jerônimo, por sua vez, diz: «O amor-próprio segue-nos como a sombra segue o corpo». Isto é evidente, mas não é grave, se temos o cuidado de sacudir esses assomos de vanglória levemente e sem cólera. As mais das vezes, o melhor será rirmo-nos de nós mesmos.

Cristo não quer que nos autoadmiremos por aquilo que fazemos de bom, e tem muitíssima razão para isso. A nossa autoadmiração seria também a nossa condenação, porquanto ninguém admira senão coisas extraordinárias. Se admiramos as nossas boas ações, é porque elas são muito raras. Ora, Cristo pretende que sejam tão frequentes e tão habituais, que não nos passe pela cabeça a mais leve ideia de nos autoadmirarmos por elas.

De resto, quando uma ideia de gloríola nos invade o espírito, é fácil desembaraçarmo-nos dela. Basta reparar que a ação mais bem feita raramente é cabal, que muitas vezes poderíamos tê-la feito melhor ainda; ou, então, comparar o bem que fizemos com o que omitimos, ou com o que nos temos recusado a fazer, não esquecendo o mal que temos cometido. Nem sequer é necessário apelar para o espírito cristão, pois o simples bom senso condena a fatuidade, que Cristo proíbe aos seus discípulos.

Mas onde nos encontramos inteiramente na esfera do Evangelho é em reconhecer que não temos o direito de nos gloriarmos pelo bem que fazemos, como se o mérito nos pertencesse unicamente a nós.

Os jornais relatam de quando em quando delitos, muitas vezes crimes, de jovens mergulhados precocemente no vício, de pequenos seres degenerados ou pervertidos pelo meio em que cresceram. Os tribunais julgam-nos com benevolência, porque esses infelizes não são totalmente responsáveis pelos crimes que cometeram. Inversamente, também os adultos que praticam o bem não podem, em justiça, atribuir a si próprios todo o mérito. Não é aos nossos esforços que devemos os nossos hábitos de virtude; é à atmosfera do lar em que fomos criados, às nossas tradições familiares, aos conselhos e aos exemplos dos nossos pais. Por que havemos de vangloriar-nos da retidão da nossa consciência? Quem foi que a formou? Será possível envaidecer-nos dos nossos atos de dedicação, efetivamente louváveis? Mais do que a nós, o mérito desses atos cabe à educação paciente de um pai ou de uma mãe, às lições de um modesto professor, às homilias de um velho pároco. Somos a resultante de uma enorme quantidade de esforços que não nos pertencem.

Particularmente nós, membros da Igreja, fomos moldados, sem o sabermos, por séculos de vida cristã. Somos beneficiários de toda uma história que, se apresenta algumas sombras, tem uma tônica geral de claridade luminosa. O bem que fazemos foi preparado pelos trabalhos de um São Paulo, pela pobreza heroica de um São Francisco de Assis, pela valentia intrépida de uma Joana d'Arc, pela

VANGLÓRIA 31

inesgotável caridade de um São Vicente de Paulo. Somos herdeiros de inúmeros mortos que foram santos, e vivemos da herança deixada por eles: «Glorificar-me do bem que faço? *Que possuis*; responde-me São Paulo, *que não tenhas recebido?* (1 Cor 4, 7)».

Muito mais, porém, devemos à nossa condição de batizados. O Espírito de Deus habita e opera em nós. *É Deus*, escreve o mesmo Apóstolo, *quem produz em nós o querer e o agir* (Fl 2, 13). Inspira-nos o bem de que pensamos ter a iniciativa, como nos auxilia a levá-lo para diante. Antes de concebermos o menor orgulho pelo bem que fazemos, devemos atribuir o respectivo mérito a outros, devemos agradecer a Deus, a todos os nossos, agradecer aos vivos e aos mortos, a quem devemos o melhor do que somos. Deste modo, estamos plenamente na verdade. Toda a vanglória se desvanece.

Se não procurarmos a nós mesmos e não buscarmos a estima dos outros, teremos transposto todas as barreiras entre Deus e nós, estaremos em condições de oferecer-lhe a homenagem de uma obediência sincera e amorosa.

Podemos, porém, perguntar como havemos de saber ao certo se a nossa intenção é completamente reta e desinteressada. Eis alguns indícios que nunca enganam: a intenção é reta se cumprimos os pequenos deveres de cada dia com tanta perfeição como os grandes, se tanto nos faz sermos os primeiros como os segundos, se nos alegramos com os êxitos dos outros, se sabemos sorrir da nossa falta de jeito, se não confundimos a contrição com o despeito, se nunca nos abandonamos à tristeza, numa palavra, se, aconteça o que acontecer, estamos sempre unidos a Deus.

«Não fomos nós que amamos a Deus, foi Ele que nos amou primeiro», escreve São João (cf. 1 Jo 4, 10). Esta é a nossa recompensa, que recebemos sempre que encontramos em segredo a certeza de que as três Pessoas divinas nos amam infinitamente.

A caridade fraterna

Para que a tua esmola fique em segredo.

Mt 6, 4

Ao falar-nos da esmola, Cristo fala-nos de um ato religioso. Por isso, não cuidaremos do aspecto «sociológico», que obrigaria a detalhar muitos matizes e exigiria extensas considerações. No estágio social do nosso tempo, completamente diferente do dos contemporâneos de Cristo, a esmola é uma liberalidade exígua, concedida maquinalmente a um desconhecido que para isso teve de fazer o gesto humilhante de estender a mão. Na medida em que fomenta a mendicidade, não tem outro resultado senão o de perpetuar a miséria, quando uma beneficência inteligente deveria cuidar de lhe suprimir as causas. Isto têm-no compreendido muitos, que preferem consagrar os seus donativos mais importantes a obras sociais.

Mais eficaz do que a ajuda individual, a assistência coletiva pode discernir os verdadeiros necessitados, socorrê-los em mais larga medida e, sobretudo, prevenir que os haja. Porém, o socorro aos infelizes é, nos nossos dias, um serviço público assumido pelo Estado, a bem dizer o único capaz de lutar contra as causas da miséria, as favelas, o alcoolismo e as injustiças sociais. Sob este ponto de vista, o pagamento dos impostos que alimentam o orçamento da previdência social é para os cristãos uma maneira de cumprirem a obrigação sagrada da esmola. «Suprimi a miséria, escrevia Santo Agostinho, e tomareis as obras de misericórdia inúteis. Pensais, porém, que o ardor da caridade se extinguida? Pelo contrário. Quanto menos temos que dar a alguém, mais desinteressado é o nosso afeto. O que é preciso desejar àqueles que amamos é que sejam iguais a nós».

Esta linha de ideias leva-nos ao contexto do Evangelho, que nos coloca perante as circunstâncias cotidianas de um dever humano. Etimologicamente, «esmola» designa um sentimento de compaixão e o desejo que nos leva a auxiliar os que padecem necessidade. Depois da parábola do bom samaritano, um discípulo não deveria passar indiferente ao lado de um homem que sofre. Deus colocou-o no nosso caminho para que lhe prestemos o nosso auxílio.

A Lei de Moisés prescrevia um certo número de esmolas obrigatórias. Um agricultor não tinha o direito de ceifar todo o seu campo: devia reservar uma pequena parte dele para os pobres ou para os estrangeiros. Além disso, os ceifeiros não deviam proibir os pobres de recolher as espigas que escapavam à foice ou que caíam das mãos dos que atavam os molhos. Muitos imitavam a generosidade de Booz, que todos conhecem, pelo menos dos versos de Victor Hugo: «O seu feixe não era avaro nem raivoso. /

A CARIDADE FRATERNA 35

Quando via passar uma pobre respigadeira, dizia: / Deixai cair de propósito as espigas» (cf. Rt 2, 15).

Além destas obrigações impostas pela Lei, os fiéis israelitas eram convidados a «abrir as mãos diante dos seus irmãos pobres e necessitados» (cf. Dt 14, 7-8). É o que se lê por exemplo neste início de um salmo: *Feliz aquele que se lembra do necessitado e do pobre* (Sl 40, 2).

O Evangelho completou esta obrigação de ajuda fraterna universalizando a noção de próximo e ampliando as exigências da caridade até desejarmos e fazermos aos outros o bem que desejamos para nós mesmos. A partir de então, o acento tônico passou a recair sobre a *entrega do coração*. Para Santo Agostinho, o perdão das ofensas é uma esmola, «a mais nobre e a mais excelente das esmolas». São Gregório Magno, por seu lado, observa: «Quem distribui bens temporais apenas abandona coisas exteriores a ele; mas quem oferece a sua compaixão ao próximo dá alguma coisa de si mesmo».

Da noção de esmola assim ampliada conclui-se, em primeiro lugar, que, na linguagem cristã, nenhuma dádiva merece o nome de esmola se não for a expressão de um sentimento real de bondade que nos move a partilhar os bens que possuímos com quem não os tem. A esmola do cristão deve ser fruto da mesma caridade que arrancou a Cristo este grito de piedade escutado pela primeira vez no mundo: *Tenho compaixão da multidão!* Cristo não se sentia movido apenas pelo espetáculo da multidão faminta que o tinha seguido até o deserto (cf. Mt 15, 32), mas também pelo fato de os responsáveis a terem abandonado, *esgotada e abatida, como ovelhas sem pastor* (Mt 9, 36). A caridade da esmola não consiste apenas em socorrer a infelicidade dos outros; consiste, em primeiro lugar, em participar do seu sofrimento.

Nestas condições, a esmola apresenta-se como um dever universal. A obrigação e as alegrias da esmola não estão reservadas aos privilegiados da fortuna. Não há ninguém que não tenha alguma coisa para repartir com os seus irmãos menos favorecidos. «Não tendes, escreve Bossuet, um copo de água para oferecer, um desejo, um suspiro, uma palavra de afeto, um gesto de compaixão? Como o homem é rico e que grandes tesouros tem na mão!»

Dissemos dever universal. Convém precisar que o exercício da caridade não é mais facultativo que o da justiça. A justiça obriga-nos a *dar* aos outros aquilo que lhes devemos, isto é, aquilo que lhes pertence, obrigação que muitas vezes é mais ampla do que se pensa. A caridade não tem por contrapartida um direito dos outros. Em virtude da caridade, *damos* aos outros *o que nos pertence*; mas, embora o nosso dever não corresponda a um direito dos outros, vincula-nos em relação a Deus. Um cristão que se furte às obrigações da caridade peca contra a justiça divina. É verdade que os deveres de justiça podem ser aferidos com muito mais rigor do que os da caridade. Contudo, esta indeterminação não deve servir para desculpar a nossa avareza, pois o seu único fim é não fixar limites à nossa generosidade. Um cristão sabe que não lhe basta dar para viver a caridade. A caridade começa por ele, a partir do momento em que se priva ou empobrece por causa dos outros. Mas isso só o Pai dos céus o vê, porque sabe o que se passa em segredo.

O lado humilhante da esmola, para quem recebe, desaparece sob a ação da fraternidade humana. O seu nome deixa de apresentar ao nosso espírito a imagem de uma mão enegrecida e descarnada que se estende para nós. A esmola cristã é o encontro de duas mãos estendidas uma para a outra, as mãos de dois irmãos que se apertam, o mais comovido e o mais feliz dos quais não é aquele que recebe, mas aquele que dá. Mais do que um *dever*, a caridade é uma *necessidade* do nosso coração para com aqueles que sofrem.

Com efeito, podemos pensar friamente que existem perto de nós seres humanos, honestos e trabalhadores como nós, filhos de Deus como nós, para quem o dia de amanhã representa uma incerteza total, ou que hoje não têm com que matar a fome? Há perto de nós famílias empilhadas num quarto exíguo, impossível de manter limpo, e que veem chegar, apavoradas, o dia do pagamento do aluguel; há crianças que não podem desenvolver-se, mães que não as podem educar, velhos que acabam uma vida laboriosa na indigência. Por que há de isto acontecer a eles e não a nós? Homens como nós trabalham para nos dar alimento, carvão, vestuário, tudo o que nos falta; e eles não têm tudo de que precisam. É absurdo limitarmo-nos a apontar os defeitos da sociedade ou a incúria dos poderes públicos, quando podemos, por pouco que seja, aliviar o sofrimento e a angústia do próximo.

Perto de nós há doentes que perderam completamente a esperança de cura. E o nosso coração fecha-se a esse pensamento. Pessoas jovens ou na força da idade, imobilizadas num leito de dor ou ruma cadeira de rodas, perto de uma janela de onde veem passar os felizes que vivem e podem trabalhar, enquanto elas se encontram reduzidas à inação, sofrendo por se sentirem um fardo para quem as rodeia. Por que elas e não nós? Há ao nosso lado lares desfeitos, seres traídos e abandonados, que amaldiçoam a vida cruel... Diante de tanta dor que se abate sobre tantos dos nossos semelhantes, chegamos a admirar-nos de sermos felizes e quase a censurar-nos por isso.

Nem a nossa consciência nem o nosso coração podem estar tranquilos enquanto não tivermos tomado sobre nós uma parte da desgraça humana, enquanto não tivermos dado aos outros uma parte da felicidade de que gozamos. Independentemente da maneira por que se manifeste a nossa compaixão (donativo material, doação do nosso tempo, da nossa amizade), qualquer das formas da esmola cristã é uma obra de justiça fraterna.

Teremos sempre ocasião de a exercer a despeito dos progressos que se venham a realizar em favor dos que sofrem. Honra seja feita aos legisladores do nosso tempo, que multiplicaram as instituições de beneficência e os organismos de previdência social. Nunca admiraremos bastante os progressos conjuntos da ciência e da abnegação, que proporcionam cuidados mais eficazes e maiores possibilidades de cura, em condições cada vez mais humanas, aos que padecem doenças mais graves. Porém, sempre há de haver males a que nenhuma instituição anônima possa dar remédio total ou imediato. A atitude que Cristo nos pede é precisamente a de acudir aos mais necessitados, enquanto a assistência oficial não intervém. Este auxílio cria um contato humano insubstituível, sobretudo se é pro-

A CARIDADE FRATERNA

longado, entre os que sofrem e os que se esforçam por assisti-los e consolá-los. O infeliz não pede apenas que o socorram; não tem menos necessidade de saber que o amam e de sentir perto dele alguém que compreenda e partilhe a sua desgraça.

Este encontro do homem com o homem não é menos benéfico a quem presta assistência ao seu semelhante. O cristão que a adversidade poupou recebe, na companhia do pobre, do doente, do aflito, lições de desinteresse, de paciência e de coragem. Isto explica a razão por que a «esmola» figura entre as penitências recomendadas pela Igreja. Além de que as privações que traz consigo podem servir de reparação das nossas faltas passadas, a prática da assistência fraterna serve para nos precaver contra os possíveis pecados do futuro, obrigando-nos a uma vida mais simples, mais «pobre», no sentido evangélico da palavra.

Vista a esta luz, compreende-se melhor por que a simpatia que deve unir quem dá a quem recebe não pode nascer e desenvolver-se senão em segredo, que é onde o Pai a vê e abençoa. Sabemos por São Paulo que poderíamos distribuir todos os nossos bens pelos pobres, sem por isso termos caridade. A beneficência é uma coisa, a caridade é outra: é participação no amor de Deus pelos homens. Quando nos debruçamos sobre o sofrimento dos nossos irmãos, somos os ministros da Providência junto deles, e, prestando-lhes os nossos serviços, estamos servindo a Deus. O que conta na ordem da caridade não é a abundância das nossas esmolas, é o amor que inspira os nossos donativos, o respeito que temos por aqueles que a desgraça atingiu – mesmo que a culpa seja deles –, a amizade que lhes demonstramos fazendo nossas as suas tristezas, as suas penas, as suas inquietações, os seus sofrimentos; a delicadeza de que nos servimos para fazê-los esquecer que lhes estamos prestando um serviço. Neste caso, pode-se falar de «caridade cristã»: a nossa esmola é um ato *religioso*. Junto do nosso irmão infeliz, somos a resposta de Deus à sua oração, os enviados de Cristo.

Esta é a última palavra que, para os cristãos, justifica e transfigura a ajuda fraterna. Entre os nossos irmãos e nós, há sempre um terceiro que é Cristo. Esse pobre mal vestido é Cristo que tem frio; esse aflito, humilhado por uma provação que não merecia, é Cristo caluniado; o doente que tosse, que geme, que se revolta contra o seu mal, é Cristo derreado sob o peso da Cruz. Como não havemos de amá-los? Por isso lhes calamos nos lábios a palavra de agradecimento que iam articular. Nós é que devemos agradecer-lhes, porque nos tornam mais cristãos.

O tempo da oração

Mas tu, quando orares...

Mt 6, 6

Depois da ajuda fraterna, Cristo aborda o problema religioso por excelência, o problema da oração. Apresenta-o nos mesmos termos, porque quer que o cumpramos com a mesma sinceridade perfeita: *Quando orardes, não sejais como os hipócritas, que gostam de orar em pé nas sinagogas e nas esquinas das ruas, para serem vistos pelos homens; em verdade vos digo, já receberam a sua recompensa.*

Já antes indicamos o sentido que se deve dar ao termo «hipócrita». Cristo pretende denunciar uma deformação dos devotos do seu tempo, que por nada do mundo deixariam de recitar as fórmulas das orações prescritas para as diferentes horas do dia. Se a hora de as recitar os surpreendia no barulho das ruas, suspendiam todas as atividades e começavam a recitação, persuadidos de que assim honravam a Deus... e davam uma lição a quem passava. Nos nossos dias, não temos de recear atitudes tão ridículas, embora haja ainda pessoas que gostam de fazer alarde das suas práticas religiosas.

Cristo liberta totalmente os seus discípulos do respeito humano. «Quando se deve orar?» Cristo responde: «Quando quiseres». Aos olhos dEle, o valor da oração, como o da esmola, depende, em primeiro lugar, da sua espontaneidade. Não se reza por encomenda, porque *está na hora*; reza-se porque se ama, para encontrar a Deus, que é o Amor.

É evidente que o fiel *quererá* orar quando a provação se lhe apresente ou quando a tentação o fustigue. O seu espírito tem necessidade de clareza, mas o mistério envolve-o e assusta-o; a sua vontade resiste ao esforço, as dificuldades assumem proporções fantásticas porque a obsessão do mal o cega; se está aflito, sente-se desesperadamente só. É o momento da oração curta e ardente, semelhante à exclamação dos Apóstolos, prestes a soçobrarem nas águas do lago: *Senhor, salva-nos porque perecemos* (Mt 8, 25). Ou à trágica súplica de Jesus no Jardim das Oliveiras: *Pai, não se faça a minha vontade, mas sim a tua* (Lc 22, 42). O cristão, porém, não reza apenas para implorar o auxílio de Deus (há, por acaso, no nosso dia algum momento em que não precisemos dele?). Em primeiro lugar, tem necessidade de manifestar a Deus o seu louvor, a sua admiração, o seu reconhecimento, tem de atualizar o orgulho e a alegria de estar unido a Ele. Se assim for, *desejará* orar o maior número de vezes possível, no meio dos seus afazeres, quer mediante a silenciosa elevação do coração a Deus, quer mediante uma breve invocação verbal.

O TEMPO DA ORAÇÃO

É interessante frisar, a propósito, que gastamos a maior parte do tempo no trabalho, no cumprimento dos nossos deveres de estado, em ocupações sociais ou de caridade, isto é, no cumprimento da vontade de Deus. Portanto, nada nos afasta dEle. Devemos ter consciência disso.

Mas há quem se sinta dispensado da oração, afirmando que «trabalhar é rezar». Não há dúvida de que ao trabalhar estamos obedecendo a Deus; mas o trabalho, em si mesmo, não é o mesmo que oração. Geralmente, qualquer trabalho, para ser feito com perfeição, exige toda a nossa atenção: é difícil imaginar um contabilista fazendo as suas somas ao mesmo tempo que diz uma Ave Maria. E, no entanto, o trabalho pode ser uma maneira de dar glória a Deus, se lho oferecemos explicitamente. É por isso que o cristão eleva o pensamento a Deus no início das ações mais importantes, ou nos minutos livres do seu dia, quando o seu espírito não se encontra absorvido pela tarefa que está realizando. Esta oração breve confere ao nosso trabalho a sua dimensão e o seu valor sobrenatural. Nessas circunstâncias, pode-se inverter o adágio: «Rezar é trabalhar», pois retomamos o trabalho com mais entusiasmo e fazemo-lo com maior perfeição. As fugas rápidas para Deus transfiguram as nossas ações mais banais ou mais profanas, levando-nos a viver sobrenaturalmente.

Contudo, não podemos apoiar sem reserva as pessoas que dizem: eu rezar, propriamente, não rezo, mas penso muitas vezes em Deus durante o dia. Ora, parece que Deus tem direito a mais alguma coisa do que a esses pensamentos fugidios. E serão tais pensamentos assim tão frequentes? A oração, para merecer esse nome, supõe uma pausa, durante a qual, como diz São Tiago, «nos aproximamos de

Deus e Ele se aproxima de nós» (cf. Tg 4, 8). Com efeito, os cristãos que pensam em Deus muitas vezes ao dia são aqueles que todos os dias consagram algum tempo à oração propriamente dita.

Um ser vivo – para utilizarmos uma comparação de natureza biológica – não pode viver se não se alimenta continuamente. O nosso sangue leva a todo o corpo os elementos nutritivos que regeneram os tecidos, embora não passemos o tempo a comer e a beber. Duas ou três refeições por dia bastam para nos nutrirmos continuamente, mas a nutrição contínua exige necessariamente aquelas refeições. O mesmo acontece com a nossa alimentação espiritual. O cristão pode viver unido a Deus, sem por isso ter de declamar orações sem fim; mas essa vida de união com Deus exige que renove com regularidade a sua provisão de elementos nutritivos. Os momentos consagrados positiva e exclusivamente à oração são para a alma o equivalente da refeição para o corpo.

Quando quiseres orar. Cristo dá-nos uma liberdade total no que diz respeito à quantidade, à duração e ao horário das nossas orações, desde que rezemos todos os dias. Não havemos de rezar por estar na hora; mas já que a oração para nós é tanto uma necessidade como um dever, devemos reservar-lhe no dia um tempo determinado. Ora, a experiência universal demonstra que o princípio e o fim do dia são as horas simultaneamente mais favoráveis e mais necessárias ao encontro com Deus.

Não é verdade que a calma do final da tarde convida à oração? O anoitecer é o momento em que o organismo se

O TEMPO DA ORAÇÃO

distende, em que o coração se acalma, em que o espírito mais naturalmente se recolhe. Depois de chegarmos do trabalho, podemos dedicar algum tempo à oração, na forma que mais nos agrade, lendo alguns versículos do Evangelho ou recitando algumas fórmulas preferidas. A seguir faremos o exame de consciência. É difícil que não tenhamos de pedir perdão de uma negligência, de uma imperfeição, de um erro ou de um pecado. Não devemos pensar que isso em nada altera a falta cometida. É já reparar o pecado pronunciar um «eu devia», e prometer a Deus uma atenção mais vigilante e uma vontade mais dócil no dia seguinte.

Contudo, não convém demorarmo-nos numa introspecção que rapidamente se tornaria árida. A maior parte da oração da tarde deve ser reservada à ação de graças por tudo o que recebemos, aprendemos e fizemos de bom durante o dia. O anoitecer é também propício à adoração e à confiança. O fim de um dia marca uma pequena fatia da nossa vida que se corta; é bom terminá-lo repetindo a frase do Salvador: *Pai, nas tuas mãos entrego o meu espírito* (Lc 23, 42).

Ao acordar, a vida recomeça. Tiremos ao repouso alguns minutos, e não neguemos a Deus as primícias do novo dia, para não nos privarmos das graças da oração matinal. Os nossos afazeres vão colher-nos na sua engrenagem; convém por isso termos tempo para orientar o dia e consagrá-lo a Deus.

A oração da manhã é a oração de Cristo ao entrar no mundo: *Eis que venho, ó Deus, para fazer a tua vontade* (Heb 10, 5-7). Também nós podemos dizer a Deus: «Senhor, venho receber as vossas ordens para este dia, a fim de estabelecer o vosso reinado na minha família, pelo meu carinho para com todos os meus. Fazei com que eu não me irrite com as minhas faltas de humor ou com o meu trabalho pessoal. Fazei com que o meu orgulho não me impeça de compreender as pessoas, e que não recorra à dureza quando tiver de repreender alguém.

«Estou disposto a fazer a vossa vontade em todos os deveres do meu estado. Não permitais que transija com a injustiça, que ceda à mentira, que me abandone às leviandades perigosas. Desejo ouvir os meus irmãos com paciência, julgá-los sem amargura, orientá-los com serenidade, obedecer com entusiasmo, perdoar de sorriso nos lábios. Abençoai, Senhor, todos aqueles que hoje me prestarão serviços, ao mesmo tempo que me proponho servir os que tiverem necessidade de mim.

«Senhor, eis-me aqui para encarnar entre os homens a verdade e a caridade do vosso Evangelho. Irei mostrar sem timidez nem ostentações, a todos aqueles que abordar, o que é um cristão. Fazei com que eu não dê a ninguém motivo de escândalo e que, pelo menos, faça alguém mais feliz».

Depois da aceitação audaz de todos os nossos trabalhos e do oferecimento a Deus de todas as nossas atividades, podemos mergulhar na algazarra, no torvelinho ou na poeira, pois já respiramos o ar puro da manhã junto desse Deus cuja luz nos há de iluminar, cuja graça nos há de suster. É positivo começar o dia com obediência e com alegria. Embora esta força inicial não nos imunize contra todas as quedas possíveis, é raro que o seu efeito benéfico não se faça sentir muitas vezes ao longo do dia. O nosso espírito voltar-se-á naturalmente para Deus, sempre disposto a ouvir os seus filhos, «quando quiserem orar».

O lugar da oração

Mas tu, quando orares, entra no teu quarto e, fechada a porta, ora a teu Pai.

Mt 6, 6

Não se deve separar este conselho do Senhor da frase anterior, em que censurava a mania de ostentação dos «hipócritas». Longe de fazerem da religião um espetáculo, os seus discípulos devem escolher para orar o lugar mais discreto da casa: *Entra no teu quarto*. O quarto de dormir não existia senão na casa dos ricos, e os ouvintes de Cristo eram, na sua maioria, de condição modesta. As casas dispunham apenas de uma divisão grande, que não permitia a nenhum dos habitantes isolar-se; porém, ao lado da sala comum, muitos possuíam um lugar onde guardavam as alfaias e as colheitas. Era no celeiro que Cristo convidava os seus discípulos a rezar. Depois de terem tido o cuidado de *fechar a porta* (quer para não escandalizarem ninguém com a sua devoção indiscreta, quer para garantirem o recolhimento necessário), podiam *rezar ao Pai em segredo*.

Mesmo no nosso tempo, o lugar da oração não é indiferente, porquanto convém rodear de silêncio o momento do nosso encontro com Deus. Deste modo, não cairemos também nós no formalismo. Podemos muito bem rezar enquanto caminhamos pelo campo, ou sentados, contemplando as estrelas. Pode muito bem ser que o nosso pensamento se eleve alegremente para Deus na rua, no meio das nossas tarefas, ao passo que de manhã, de joelhos e com a cabeça entre as mãos, nos deixamos invadir pelas distrações. Deus sabe chamar-nos a si quando e onde quer: não nos furtemos às suas iniciativas.

Mas o respeito recomenda-nos que não nos abandonemos à fantasia e que pela nossa parte criemos as condições necessárias ao recolhimento. Na tradução latina do nosso texto, o «celeiro» é substituído pelo *cubiculum*, o quarto de dormir, onde muitas vezes se costuma rezar. Os habitantes das cidades, porém, têm de contar com a exiguidade das casas modernas, com o vaivém de uns e de outros no apartamento, sem esquecer o rádio dos vizinhos. Uma igreja perto da nossa casa ou do local em que trabalhamos pode ser muitas vezes o lugar onde conseguimos o autêntico recolhimento. Em todo o caso parece-me que, para manter o silêncio interior, convém não descuidar as atitudes tradicionais da oração: *de joelhos, com as mãos postas e de olhos fechados*, proteções tão eficazes como a solidão e o ferrolho do celeiro.

Estas precauções não são para menosprezar. «Uma religião em que o corpo não toma parte torna-se rapidamente uma religião sem alma». A posição de joelhos é a expressão sensível da adoração. De certo modo, fazemo-nos

O LUGAR DA ORAÇÃO

mais pequenos para reconhecer a grandeza de Deus; mais perto do chão, atualizamos a nossa condição de criaturas perante a majestade dAquele que nos tirou do lodo da terra para nos unir a si. «Meu Deus, vós sois tudo e eu não sou nada». Assim como Cristo se pôs de joelhos (cf. Lc 22, 42) para rezar no Getsêmani, implorando a proteção do Pai para os pecados do mundo, também nós devemos tomar a posição do pecador que apela para a misericórdia do Senhor que ele ofendeu.

Exteriorizamos estas disposições de humildade e de esperança unindo as mãos, as nossas mãos vazias, que nada têm para oferecer Àquele de quem esperamos tudo; as nossas mãos que nem sempre foram inocentes. *Se a tua mão ou o teu pé te fazem cair em pecado, corta-os e lança-os para longe de ti* (Mt 18, 8). «Senhor, eis as nossas duas mãos juntas, ligadas como cativos que vos prometem que nunca mais hão de roubar, nem bater, nem extraviar-se; são prisioneiras vossas, decididas a obedecer-vos». E uma vez que a oração é descansar em Deus, as nossas mãos cruzadas estão em posição de repouso; depois de terem trabalhado, interrompem a tarefa que as ocupou e parecem dizer: «Senhor, fizemos o que pudemos, dignai-vos fazer Vós aquilo de que nós não somos capazes».

Ao mesmo tempo, fechamos os olhos, um gesto natural pelo qual nos recolhemos em nós mesmos para refletir. Na oração, porém, ultrapassamos o nosso domínio interior, subimos ao mundo invisível onde Deus reside, provocamos a escuridão para vermos melhor a luz divina. Além disso, é o gesto de confiança total: «Senhor, acredito em Vós de olhos fechados, sigo-vos de olhos fechados. Levai-me para onde quiserdes e como quiserdes». A oração é o ato de abandono por excelência. Ao mesmo tempo, é um gesto de segurança e de alegria. Nas grandes alegrias, fechamos os olhos.

Depois de rezarmos desta maneira, quando levantamos as pálpebras, vemos melhor o nosso caminho, temos uma visão mais bela do universo. As nossas mãos retomam o trabalho com entusiasmo novo. Levantamo-nos, perdoados e reconfortados, e, já de pé, medimos a nossa verdadeira grandeza, que nos vem de Deus.

Entra no teu quarto e ora ao teu Pai em segredo. Pretendeu-se ver nesta frase a condenação da oração coletiva e, na mesma linha de raciocínio, do culto público. Algumas pessoas afirmam que não podem recolher-se senão numa igreja vazia, fora do barulho dos atos do culto. «Não é, perguntam, ir contra o espírito e contra a letra do Evangelho agrupar obrigatoriamente no mesmo lugar de culto indivíduos que não têm os mesmos estados de alma nem as mesmas necessidades religiosas? Por que se impõem a mentalidades e a temperamentos diferentes fórmulas e atitudes de oração uniformes que não se adaptam exatamente a nenhum deles?»

Convém afirmar claramente que Deus não tem necessidade dos nossos santuários. *Deus, que fez o mundo e tudo o que nele existe*, diz São Paulo, *não habita em templos feitos pela mão do homem* (At 17, 24). Durante várias gerações, os cristãos não tiveram igrejas. Perante a multiplicidade dos templos pagãos, repugnava-lhes parecer que fechavam a presença divina dentro das paredes de um edifício. No século III, Orígenes tirava daí um argumento a favor do cristianismo: «O templo do nosso Deus, dizia, é todo o universo, e o altar que lhe agrada é um coração puro». Na realidade, somos nós que temos necessidade de templos, porque nos fazem falta locais de reunião para orarmos a Deus em conjunto, dever que o Senhor nos indicou expressamente, pois Cristo, o pregador da oração interior e silenciosa, recomendou aos seus discípulos que se reunissem para orar em conjunto. No seu espírito, a oração coletiva não impede ninguém de orar a Deus no segredo do seu coração. *Se dois de vós*, dizia, *se unirem sobre a terra para pedir alguma coisa, em verdade vos digo que lhes será concedida por meu Pai que está nos céus. Porque onde dois ou três se reunirem em meu nome, eu estarei no meio deles* (Mt 18, 19-20).

A utilidade da oração coletiva não poderia ser mais bem demonstrada. Para que serve orar em conjunto? Cristo respondeu-nos que nessa altura se encontra no meio de nós, e a sua presença confere à nossa oração toda a sua eficácia. De resto, Cristo quis cimentar nos seus discípulos a piedade e a caridade, unindo cada um deles pessoalmente a Deus e unindo-os simultaneamente uns aos outros. O ato religioso por excelência, a Missa, é a renovação, por ordem de Cristo, da Ceia da Quinta-Feira Santa, ceia sagrada e fraterna que os cristãos devem celebrar em conjunto em memória do Senhor.

A primeira vantagem da oração pública é enriquecer a nossa piedade individual e estender o seu raio de ação. Um exemplo nos ajudará a compreendê-lo. A oração de um homem varão é geralmente objetiva, baseada na obediência e penetrada de gravidade; por seu lado, a oração feminina é mais ardente, mais espontânea, e mais terna também; a da criança caracteriza-se pela candura e pela confiança. Mas se os três, o pai, a mãe e o filho, oram em conjunto, comunicam-se mutuamente a sua qualidade dominante, e é isso que dá valor à oração familiar.

O que se passa na família dá-se em todos os escalões da oração pública. Todos os fiéis põem em comum os seus recursos espirituais. Os que se reúnem nas nossas igrejas representam indubitavelmente valores de alma desiguais, expõem a Deus necessidades diferentes, mas, globalmente, a riqueza de uns cobre a penúria de outros, as misérias dos nossos irmãos despertam as nossas súplicas pessoais. É bom que o rico e o pobre, que raramente se encontram na vida, aprendam diante do mesmo altar a amar-se mutuamente, rezando um ao lado do outro. O justo perde a suficiência ao lado do pecador que bate no peito, e o jovem ganha esperança ao ver um velho ajoelhado perto dele. A oração dos outros estimula a nossa, e a nossa, sem nós darmos por isso, também faz bem à dos outros. Às vezes, sentimo-nos frios, sem fervor. Pois bem, a entoação de um salmo de penitência convida-nos ao arrependimento. E quando nos sentimos abatidos, os hinos alegres da Igreja levantam-nos o ânimo. A oração pública da Igreja mantém e completa a nossa oração pessoal.

Além disso, a oração pública tem a sua função específica. Quando, no deserto do Sinai, Deus escolheu um povo, indicou-lhe a razão da sua escolha: *Toda a terra me pertence; mas vós sereis para mim um reino de sacerdotes e*

O LUGAR DA ORAÇÃO

uma nação santa (Ex 19, 6). Israel foi escolhido (nação santa) para dar testemunho do verdadeiro Deus no meio dos outros povos, para exercer o papel de mediador (reino de sacerdotes) entre todos os homens e o seu Criador. A Igreja, novo Povo de Deus, tem a missão de tornar Deus conhecido até às extremidades da terra, mas também de lhe dar glória em nome de toda a humanidade. É por isso que reúne todos os seus filhos em oração pública, na qual apresenta ao Senhor as homenagens e as necessidades da terra até a sua vinda.

O grande segredo da liturgia católica é permitir que, na unanimidade de uma oração fraterna, cada fiel se una diretamente ao Senhor no segredo do seu coração.

O encontro com Deus

Ora a teu Pai, que está em segredo; e teu Pai, que vê o que se passa em segredo, te recompensará.

Mt 6, 6

Os nossos devocionários tradicionais fazem preceder as orações da manhã e da tarde desta advertência: «Façamos um ato de presença de Deus e adoremo-lo». A recomendação não é inútil, porque a regularidade e a própria frequência da oração correm o risco de nos «habituar», no mau sentido da palavra, a um ato que é pura e simplesmente prodigioso. A autêntica e palpável familiaridade dAquele que quer ser chamado «nosso Pai» não deve levar-nos a esquecer a sua transcendência.

O Senhor concede-nos o inestimável favor de nos ouvir, e isso vale bem o tempo em que nos recolhemos, em que fazemos silêncio à nossa volta, para atualizarmos a presença de um Deus a quem não escapa nada da existência das suas inumeráveis criaturas humanas, e que presta atenção a cada uma delas como se fosse a única sobre a qual velasse o seu amor. Jesus recomendou-nos que «fechássemos a porta do celeiro»; resta-nos, porém, despojar a memória e a sensibilidade de tudo o que nos distrai do espírito dAquele que o deve ocupar exclusivamente. *Ora a teu Pai em segredo.* Nesse momento, devemos esquecer todo o resto, a marcha do universo, o desenrolar dos acontecimentos, a nossa própria história. Nada mais existe além desse encontro entre Deus e nós, entre filho e Pai. Que a nossa voz se eleve espontaneamente para Deus quando imploramos o seu auxílio ou, com mais razão ainda, quando nos preparamos para uma oração prolongada, pois em todos os casos a oração é o milagre dos milagres, que nos põe em relação direta com Deus. Sobre a nossa vida desce um minuto de céu.

Este encontro é a razão de ser da oração, que não devemos considerar um meio, mas um fim em si mesmo. Para alguns, a oração reduz-se sobretudo a um pedido. Dirigem-se realmente a Deus, mas para pedir qualquer coisa, um benefício temporal (a saúde, um êxito), uma graça espiritual (a força para resistir ao mal ou para cumprir um dever difícil). Sem dúvida, precisamos pedir, pois somos pobres e fracos, mas este desejo deve ficar em segundo lugar. O objeto primário da oração não é conseguir qualquer coisa, mas encontrar alguém, encontrar Aquele que nos é mais necessário do que todas as coisas, Aquele que, além disso, dando-se a nós, nos dá tudo: provê a todas as nossas necessidades, não apenas àquelas que sentimos, mas também a muitas outras em que nos dispensamos de pensar. O homem é um ser que tem necessidades, que procura. A oração leva-o a encontrar a Deus, e, por isso, ela é, antes de mais nada, adoração, louvor, ação de graças, confiança e ternura.

A oração traz-nos efetivamente graças concretas, mas como consequência, e naturalmente. A oração é o apelo de um coração que ama. «Meu Deus e meu Tudo», exclamava São Francisco de Assis. A resposta do Senhor não é menos absoluta – lemo-la no Evangelho –: *Meu filho, tudo o que é meu é teu* (Lc 15, 31). Encontro, conversa, comunhão, tal é a oração a que Cristo nos convida: «Permanece junto do teu Pai, que está presente em segredo».

Cristo continua: *E teu Pai, que v*ê o que se passa em *se*g*redo, te recompensará.* Deus nos livre de parafrasearmos esta frase, traduzindo, por exemplo, «te retribuirá, te dará o que te é devido etc.» A promessa de Cristo é mais precisa: traduz uma reciprocidade. A propósito da esmola, o Mestre diz-nos: «Acode discretamente em auxílio do teu irmão infeliz, e teu Pai te dará a recompensa, isto é, te socorrerá quando tiveres necessidade». A fórmula aqui é idêntica: *Teu Pai te recompensará.* Portanto, assim como tu falas ao teu Pai, teu Pai fala-te, responde-te. Sigamos o texto mais de perto. Como rezas ao teu Pai, teu Pai te rezará a ti. Tu lhe fazes pedidos; também Ele te fará pedidos a ti.

A oração é, com efeito, um diálogo com Deus. Um diálogo pressupõe dois interlocutores, duas pessoas que falam e que escutam. Empregamos a palavra «falar», mas queremos designar todas as manifestações – mesmo silenciosas – do nosso espírito ou todos os impulsos do nosso coração. Como Deus os acolhe, dizemos também que Ele nos escuta. Pela parte que nos toca, devemos «escutar», acolher o que Deus nos dá a conhecer quando nos dirigimos a Ele. A oração implica esta permuta. Não é um monólogo. O cristão que vai ao encontro de Deus não está diante de uma divindade muda. A oração completa é um diálogo, uma conversa sem afetação: cheia de naturalidade. De acordo com as circunstâncias, pode ser premente, ardente, dolorosa, ou pode, pelo contrário, desenrolar-se com simplicidade, luminosa, cheia de calma, terminando, como dizia São Francisco de Sales, «numa tranquila solicitude do coração».

Muitos fiéis contentam-se com falar a Deus. Prestam-lhe a sua homenagem, manifestam-lhe o seu arrependimento, apresentam-lhe os seus pedidos; depois disso, persignam-se e retiram-se. A oração deles acabou. Foram-se embora cedo demais. Partiram antes de ouvirem a resposta de Deus.

E, no entanto, para que falamos, senão para que Deus nos responda? Cristo disse: *Pedi e recebereis, buscai e achareis, batei e abrir-se-vos-á* (Mc 11, 24). Ninguém bate a uma porta pelo prazer de bater, mas com a esperança de que lha abram. Ninguém pergunta nada pelo prazer de perguntar, mas para obter uma resposta. Por que não damos ao interlocutor divino tempo para nos responder? Nas nossas orações, falamos muito e ouvimos pouco. Ora, a nossa oração não só não deveria reduzir-se a um discurso em que Deus não toma parte, como deveria permitir que fosse Ele a conduzir o diálogo. Deus, que pensa constantemente em cada um de nós e que nos ama, tem os seus desejos particulares em relação a nós, desejos que nos dá a conhecer no íntimo da nossa consciência. Folheemos o Evangelho: «Simão, tenho uma coisa a dizer-te... Zaqueu, convém que eu vá a *tua casa*» (cf. Mt 16, 18; Lc 19, 5). Também agora o Senhor tem alguma coisa de especial a dizer-nos ou a per-guntar-nos. A oração é um diálogo.

Este diálogo toma muitas vezes o aspecto de uma luta corpo a corpo, como a oração de Jacó lutando toda a noite até Deus se deixar vencer: *Não te deixarei ir embora sem que me tenhas abençoado* (Gen 32, 26). A oração é frequen-temente um combate destinado a exercitar e a aumentar a nossa fé. Às mais das vezes, a resposta de Deus manifes-ta-se por um desses estados de consciência de que todos os fiéis têm experiência: ora um sentimento de paz, que contrasta com as angústias que nos lançaram de joelhos, ora uma coragem radiosa que nos torna aptos para a luta. Ou, então, a resposta divina relaciona-se diretamente com o nosso pedido: é uma certeza que se impõe ao nosso espí-rito, e que nem sempre está de acordo com o nosso desejo, como a resposta inesperada do interlocutor que substitui pela sua convicção a nossa.

As verdadeiras orações são diálogos. Sem precisarmos dos exemplos abundantes dos livros dos místicos, basta re-pararmos no modelo de oração que Cristo nos deu: tem a estrutura de um diálogo. Antes de falarmos ao *nosso Pai*, começamos por ouvi-lo e por «satisfazer» os seus desejos: «Sim, Pai, queremos santificar o vosso nome, dilatar o vos-so reino, cumprir totalmente a vossa vontade». Observe-mos a correspondência entre as fórmulas – é um verdadei-ro diálogo:

– Pai, dai-nos o pão nosso.

– Meus filhos, dai-me o nome de Pai. Eu sou vosso Pai, se vós fordes irmãos, se comerdes em conjunto o vosso pão: nestas condições, nada vos faltará.

– Pai, perdoai-nos as nossas ofensas.

– Sem dúvida, mas com a condição de as perdoardes a quem vos tenha ofendido.

– Pai, não nos deixeis cair em tentação.

– Filhos, não caireis em tentação, desde que observeis a minha vontade na terra, como é observada no céu.

Deste modo, Deus nos pede e nos dá ao mesmo tempo. Pede-nos que o ouçamos, e ouvirá as nossas súplicas.

O salmista do Antigo Testamento está, a este respeito, à frente de alguns fiéis da lei da graça. Escreve: *Eu escutarei o que em mim vai dizer o Senhor meu Deus* (Sl 84, 9). Nós, como discípulos do Evangelho, podemos duvidar ainda menos de que Deus se faça ouvir por nós. *Quem ouve o Pai*, diz Cristo, *e recebe a sua doutrina, vem a mim.* Nunca iríamos a Ele sem uma palavra do Pai dentro de nós. *Ninguém pode vir a mim se o Pai, que me enviou, não o atrair* (Jo 6, 44). E a certeza de que pertencemos ao redil de Cristo vem – é Ele quem o diz – de *conhecermos*, de *ouvirmos*, de *escutarmos* a voz do Bom Pastor.

Se nos parece impossível que Deus se dirija a nós na oração, devemos reparar em que não existe um único fiel que não tenha a certeza de que Deus, para escutar os nossos desejos, pode intervir no curso dos acontecimentos. É mesmo isso o que pedimos mais frequentemente na oração: que Deus nos dê saúde, que provoque as circunstâncias que hão de melhorar a nossa situação, que nos ajude a encontrar quem nos preste bons serviços. Ora, Deus pode atuar do mesmo modo dentro de nós. Pode despertar e orientar a seu gosto o curso dos nossos pensamentos. Ele, que conduz todos os acontecimentos, pode iluminar a nossa consciência e inspirar as nossas reflexões, as nossas afeições, os nossos desejos. São Paulo afirma que *o Espírito vem em auxílio da nossa fraqueza*: *porque nós não sabemos orar como convém, mas o Espírito ora por nós com gemidos inexprimíveis* (Rm 8, 26).

Quando fazemos silêncio dentro de nós, o Espírito de Deus dita-nos os louvores e as ações de graças, suscita em nós o arrependimento, acalma-nos os receios, fortalece--nos a coragem. Podemos não ter habitualmente o *sentimento* da sua presença, mas temos a *certeza* de que não estamos sós. O horror do pecado, a luz que dissipa subitamente todas as nossas dúvidas, a força que nos levanta bruscamente, a serenidade que nos mantém em equilíbrio, são obra interior do Espírito de Deus. A permuta é ainda mais maravilhosa do que nós suspeitamos. As orações que dirigimos ao Pai por intermédio do Filho, é o Espírito Santo que as faz nascer em nós. O diálogo transformou--se em dueto: duas vozes proclamam juntamente o mesmo louvor, o mesmo amor, o mesmo desejo: o Espírito de Deus e o nosso: «Eu escutarei o que vai dizer em mim o Senhor meu Deus».

Pode vir-nos à mente uma objeção: «Não corremos o risco de atribuir arbitrariamente a Deus todos os pensamentos que nos passam pelo espírito, quando rezamos? Podemos ter a certeza de não transformarmos os nossos próprios desejos em vontade divina? Não estaremos, no fundo, dialogando conosco mesmos? Não nos escutamos a nós, pensando que escutamos a Deus? Que dizer, além disso, das distrações que nos assaltam tão frequentemente?»

Não podemos garantir que algumas «distrações» não escondam, algumas vezes, uma resposta divina. Por exemplo, queremos recolher-nos com Deus, mas não conseguimos banir da memória a lembrança de uma discussão com outra pessoa; não será a ordem do Senhor de «irmos primeiro reconciliar-nos com o nosso irmão»? Ou então é o peso da luta e do trabalho cotidiano que nos importuna: não será um convite para descarregá-lo sobre Deus, com uma confiança filial? É que a oração não é um parêntese na nossa vida: os trabalhos, as penas (as alegrias também) que compõem a trama da nossa existência têm o seu lugar nas conversas com Deus.

Quanto ao perigo de considerarmos como uma ordem de Deus aquilo que não passaria de fruto da nossa imaginação, existe, realmente, mas evita-se com facilidade. Num diálogo de Cristo com Pascal, segundo lemos no *Mistério de Jesus*, o Senhor recomenda-lhe que recorra ao juízo do seu diretor espiritual «quando as suas próprias palavras forem para ele ocasião de mal, de vaidade ou de curiosidade». Mas, ordinariamente, as inspirações recebidas na oração não nos ordenam atos insólitos nem determinações precipitadas; não saem do quadro das nossas atividades habituais e reconduzem-se à conduta do momento presente. E podemos ter a certeza de que Deus nos fala quando nos manda – coisa que faz muitas vezes – uma palavra ou ato de caridade. Depois que o *encontramos* e

O ENCONTRO COM DEUS

escutamos, não podemos ficar insensíveis aos sofrimentos dos outros, nem suportamos a ideia de afligir seja quem for. Temos necessidade de ser bons, de dedicar-nos, de oferecer aos outros o nosso auxílio, o nosso apoio, o nosso afeto. Deus atrai-nos a si para nos enviar depois para junto dos nossos irmãos, libertados já do nosso egoísmo, dispostos a servir e a amar.

A oração confiante

Vosso Pai conhece as coisas de que necessitais antes de lhas pedirdes.

Mt 6, 8

Encontramos a Deus no segredo da oração, em primeiro lugar para o adorar, para lhe agradar, para implorar o seu perdão. Ao mesmo tempo que nos abrimos com Ele, Ele abre-se conosco: responde aos nossos apelos e pede-nos que acolhamos os seus. Deste modo, a oração faz-nos entrar no seu pensamento e permite-nos expor-lhe filialmente as nossas necessidades. É este aspecto da oração, correntemente chamada «oração de petição», que Cristo tem em vista nesta passagem. Ao longo da sua pregação, encoraja-nos muitas vezes a recorrer a ela: *Tudo aquilo que pedirdes com fé na oração vos será concedido* (Mt 21, 22). Mas insiste na condição de pedirmos com fé. Antes de mais nada, devemos acreditar que *o nosso Pai sabe de que precisamos, mesmo antes de lho pedirmos.*

Esta afirmação capital justifica a legitimidade da oração de petição, contra uma dupla oposição que muitas vezes lhe é feita, uma de ordem intelectual, outra em nome da experiência.

A oração de petição, diz-se, é incompatível com a imutabilidade divina. O que Deus quis algum dia, continua a querê-lo sempre. Pretender que as nossas orações são capazes de modificar o que Ele decidiu desde toda a eternidade, seria medir a grandeza de Deus pelas nossas exíguas medidas humanas.

Os que assim pensam não reparam que são eles que estão reduzindo Deus às nossas medidas, assemelhando a Inteligência criadora ao nosso pensamento limitado e discursivo. Antes de agir, o homem *prevê*; depois, se durante a execução descobre a imperfeição dos seus projetos, retoca o plano ou procura outro. A nossa ação e o nosso pensamento desenrolam-se no tempo. A atividade divina, porém, é completamente diferente, pois desenrola-se independentemente do tempo. Aquilo a que nós chamamos passado e futuro é para Deus *um eterno presente*. Para Ele, não existe sucessão: por isso não tem de refazer os seus planos. Estamos a sujeitá-lo à nossa linguagem quando dizemos que previu tudo: na realidade, vê toda a sucessão dos séculos num único olhar.

É num eterno presente que Deus vê nascer e desaparecer as estrelas, que vê morrer sobre esta nossa terra o último dinossauro e decolar o primeiro avião. O imenso diorama, móvel para nós, de que vemos apenas rápidos pormenores na nossa passagem por este mundo, é para Ele um quadro vivo que abarca totalmente num só olhar. Vê-nos a nós, seres livres, agir de acordo com o grau da nossa liberdade. Longe de transtornarem o seu plano, os nossos atos livres fazem parte integrante dele. Deus vê o uso que em cada geração cada um faz da sua liberdade. Vê simultaneamente o pecado de Adão e a redenção do Calvário; como vê a crueldade de Nero e a caridade de São Vicente de Paulo, com todas as repercussões de uma e de outra. O seu plano leva em conta todos os nossos pecados e todos os atos bons de todos os homens.

O nosso Pai sabe desde toda a eternidade aquilo de que precisamos. Vê (em linguagem humana prevê, mas na realidade, vê) todos os atos livres que são as *nossas orações.* Desde toda a eternidade ouve todas as orações de todos os homens: todas têm um lugar marcado no seu plano, e Ele leva-as em conta segundo os desígnios mais elevados do seu amor e da sua sabedoria. Ouve a nossa oração muito antes de a termos formulado. Conhece as horas em que nos serviremos da nossa liberdade para o servir ou para o ofender, para o esquecer ou para recorrer a Ele. Não poderá, por conseguinte, no seu plano imutável, subordinar este ou aquele acontecimento à nossa oração? Deus não precisa de retocar o seu plano para nos escutar: no seu plano, há lugar para as nossas orações e para a resposta que lhe apraz dar-lhes.

Em vez de serem as nossas súplicas que têm acesso à grandeza de Deus, é Ele que, quando lhe pedimos, eleva a nossa pequenez. «Por que foi que Deus fez a oração?», perguntava Pascal; e respondia: «Para comunicar às criaturas a dignidade da causalidade». Éramos o «nada» e Deus dignou-se fazer de nós «causas». A nossa voz é ouvida no seu conselho. Aceita consultar-nos. Eis um mistério não menos impermeável do que o da imutabilidade divina: é um mistério de amor. Deus quis que existisse entre Ele e nós esta intimidade, que cria uma certa igualdade, e é na oração que ela se realiza. *In abscondito.* Há uma permuta de segredos. Deus comunica-nos os seus desígnios, e nós expomos-lhe os nossos desejos. Ele responde-nos como Cristo à cananeia: *Seja feito como queres* (Mt 15, 28), ou como aos Apóstolos Tiago e João: *Não sabeis o que pedis* (Mt 20, 22).

Se é um erro pensar que Deus não leva em conta as nossas orações na economia da sua providência, é um erro também supor que deve subordinar sempre os acontecimentos aos nossos desejos, erro infelizmente muito frequente entre aqueles que, contra a utilidade da oração de petição, invocam a sua experiência: «Rezei e não fui ouvido».

Erro muitas vezes dramático. Por causa dele, muitas mãos que outrora se juntavam para implorarem o auxílio do céu, agora são punhos cerrados para o maldizerem. Penso numa senhora cuja irmã, com quem vivia, veio a falecer depois de cinco anos de uma doença dolorosa. A sobrevivente, no desespero da sua tristeza, dizia-me: «Rezei tanto durante estes cinco anos!», e, batendo com o punho na parede da câmara mortuária, acrescentava: «Eis a resposta que recebi». Como é possível não partilhar da pena dos fiéis que se queixam de que Deus é surdo aos seus apelos? Mas o que convém sobretudo é convencê-los de que a sua decepção provém da ideia inexata que fazem da oração de petição. Para isso, basta ponderar as palavras de Cristo: *Vosso Pai conhece as coisas de que necessitais antes de lhas pedirdes.*

Quando pedimos o auxílio de Deus, não é necessário dizer-lhe que somos infelizes e impotentes, porque Ele já o sabe. Quando lhe falamos do nosso sofrimento, é porque estamos firmemente convencidos de que virá em nosso auxílio. Não há pedido que não seja, em primeiro lugar, um ato de confiança.

O nosso Pai conhece todas as nossas necessidades. Conhece-as melhor do que nós, e previu-as antes de as termos notado. Quantas graças nos concede sem termos tido o trabalho, a ideia ou mesmo tempo de as solicitar! Conhece todas as nossas necessidades, as de hoje, que nos afligem, e as de amanhã, que ainda não conhecemos. Vemos o que nos pode ser útil ou agradável hoje. Ele, que vê a totalidade e o termo da nossa vida, sabe aquilo que nos fará felizes amanhã. Sabe melhor do que nós qual é o nosso verdadeiro bem e deseja-o mais intensamente e mais eficazmente do que nós. «Quem de vós, dizia Cristo, se o seu filho lhe pedir um pedaço de pão, o enganará dando-lhe uma pedra com a forma de bolo? Ou se lhe pedir um peixe para comer, lhe dará uma serpente, que lhe fará uma ferida mortal?» E o Mestre continua: «Embora a maldade possa perverter o coração dos homens, vós sabeis dar coisas boas aos vossos filhos. Com mais razão, o vosso Pai dos Céus, que é todo bondade, dará sempre coisas boas àqueles que lho pedirem» (cf. Lc 11, 11-13).

As nossas orações de petição contêm dois elementos: primeiro, expomos a nossa miséria, as nossas necessidades; depois, com uma simplicidade filial, apresentamos a Deus a maneira como desejaríamos que viesse em nosso auxílio ou que remediasse aquilo que nos falta. Mas não esqueçamos que somos ignorantes, ao passo que Deus conhece o que nos é necessário. Querer que Deus execute os nossos desejos, não é *pedir*, é *mandar*. Retirar a Deus a iniciativa da solução é pôr o mundo de cabeça para baixo. Devemos humildemente dar-lhe a conhecer os nossos desejos, mas com a certeza de que Ele nos aliviará da maneira infalivelmente melhor, embora nem sempre nos termos em que lhe pedimos.

Não devemos supor que Deus é surdo às nossas orações por não corresponder aos nossos desejos. Se os nossos desejos nos enganam, a sua bondade força-o a resistir-lhes, e com essa aparente recusa poupa-nos muitas tristezas. Que pedimos a Deus a maior parte das vezes? Sem refletir, pedimos-lhe a solução fácil, o êxito, que afaste de nós o sofrimento. E o nosso Pai, que sabe o que nos é mais útil, em vez de ceder às nossas instâncias inconsideradas, deixa que os acontecimentos, esses «senhores do seu destino», sigam o seu curso, porque daí resultará para nós um bem maior. Responde-nos com o contrário do que desejamos: dificuldades, o fracasso, a doença, provações. Como somos ignorantes e impulsivos, pedimos-lhe uma serpente, uma pedra. A sua misericórdia dá-nos em vez delas um pão e um peixe, porque «Ele dá coisas boas àqueles que lhas pedem».

Evoquemos as nossas recordações. Estivemos tristes porque Deus não nos concedeu o que desejávamos: no entanto, algum tempo depois, temos de concordar que teríamos lamentado se Ele nos tivesse satisfeito; reconhecemos que o que tínhamos desejado nos teria prejudicado. O que Deus

A ORAÇÃO CONFIANTE 71

faz está bem feito. Mais ainda: se tivéssemos a certeza de que Deus nos atenderia ao pé da letra, que os nossos desejos se realizariam automaticamente, ousaríamos de sangue-frio formulá-los sem reservas? «Senhor, pedia Santa Teresa, não me castigues dando-me aquilo que te peço, se o teu amor não o quiser».

Mas quando Deus nos obriga a renunciar aos nossos desejos, não devemos concluir que Ele não escuta a nossa oração. Ouve-a de maneira diferente daquela que esperávamos. Podia, sem dúvida, atuar sobre os acontecimentos e suprimir a nossa provação; mas preferiu, para nosso bem, agir diretamente sobre nós e dar-nos a coragem, a alegria e o mérito de suportar e de vencer o contratempo. São Paulo, atingido por uma doença que impossibilitava os seus trabalhos apostólicos, pedia ao Senhor que lhe tirasse o espinho doloroso: *Três vezes roguei-lhe*, escreve ele. À terceira súplica, o Senhor respondeu-lhe: *Basta-te a minha graça* (2 Cor 12, 8-9). Ora, alguns anos mais tarde, o Apóstolo confessa que foi essa doença que contribuiu para a conversão dos fiéis da Galácia.

Podia objetar-se: por que havemos de renunciar a um desejo que julgamos razoável? A oração confiante não é aquela que ousa esperar um milagre? Isso é inegável, e, mais ainda, Cristo recomendou-nos que não nos deixássemos desanimar pela primeira recusa, que perseverássemos no nosso pedido. Efetivamente, Deus, parecendo não fazer caso dos nossos desejos, muitas vezes quer experimentar a nossa fé, e, em resposta à nossa confiança, concede-nos o favor ardentemente esperado, demonstrando-nos finalmente que a sua vontade está de acordo com a nossa.

Mas Ele não é menos bom quando exige que a nossa vontade se adapte à sua. *Buscai e achareis*. Muitas vezes, procuramos do lado mau, e não procuramos aquilo que Deus quer para nós. Acima da fé que ousa esperar um milagre, Deus abençoa a fé, ainda maior, que aceita a renúncia a esse milagre. Peçamos tudo na oração, até o impossível – pois Deus pode o que nós não podemos –, mas respeitando sempre a sua autoridade, acrescentando sempre aos nossos pedidos, tanto aos mais ousados como aos mais triviais, este ato de submissão: «se assim for da tua vontade».

Cristo no Jardim das Oliveiras pode servir-nos de exemplo. Tremendo de angústia, de tristeza e de mágoa nas vésperas do seu suplício, por três vezes manifesta o seu desejo: *Pai, todas as coisas te são possíveis; afasta de mim este cálice* (Mc 14, 36). Nesse momento, como diria São Pedro, podia conseguir que o Pai lhe enviasse doze legiões de anjos que dizimassem completamente os seus agressores. Podia conseguir o milagre..., mas os pecados dos homens não teriam sido expiados. E depois desse primeiro ato de fé, veio a confiança ainda maior: *Não se faça, porém, a minha vontade, mas a tua.* Quem poderia insinuar que a oração de Cristo não foi escutada? São Lucas diz que um anjo, enviado por Deus, lhe apareceu e o reconfortava na sua angústia. E o autor da Epístola aos Hebreus escreve: Cristo *ofereceu orações e súplicas, acompanhadas de gritos e de lágrimas, àquele que podia salvá-lo da morte, e foi ouvido pela sua piedade* (Heb 5, 7). O Pai queria que o seu Filho sofresse a morte que nos resgatou, mas não o abandonou à corrupção da cova. Com um milagre ainda maior, restituiu-lhe a vida pela ressurreição.

A ORAÇÃO CONFIANTE

Devemos imitar Cristo na sua súplica, pois é por intermédio dEle que as nossas orações são apresentadas ao Pai. Não procuremos nas nossas pobres luzes as respostas que Deus deveria dar aos nossos pedidos: curvemo-nos ao que deve ser o primeiro dos nossos desejos: «Seja feita a vossa vontade». Demos antecipadamente a nossa adesão aos desígnios divinos, com uma confiança absoluta. Peçamos tudo, uma vez que Deus pode tudo. Mas, porque Ele também sabe tudo, aceitemos tudo o que Ele decidir. *Pai, eu bem sei que sempre me ouves* (Jo 11, 41-42).

A oração sincera

E, orando, não sejais loquazes como os gentios, que pensam que serão escutados por causa do seu muito falar.

Mt 6, 7

«Não repiseis», ou, noutra tradução, «não gaguejeis». Regra geral, à força de repisar, acaba-se por gaguejar. Poderíamos ser tentados a passar por alto esta recomendação de Cristo. «É uma coisa lógica, e além do mais não somos pagãos». Cristo, no entanto, diz-nos: «Não queirais parecer-vos com eles». Não julgou supérfluo pôr-nos de sobreaviso contra as orações de que estão ausentes o coração e o espírito.

O nosso Pai conhece as nossas necessidades, mesmo antes de lhas dizermos. O que faz com que nos ouça é a sua bondade, e nunca o barulho das nossas palavras. Com maior razão, portanto, não devemos atribuir um poder mágico à repetição de certas fórmulas especiais. Mas não devemos concluir daqui que Cristo nos proíba de rezar muito. Ele, que gostava de rezar logo ao romper do dia, e que passava noites inteiras em oração, deu-nos o exemplo de longos diálogos com Deus. Por outro lado, a parábola do amigo inoportuno manifesta claramente que a insistência nos nossos pedidos é um ato de fé, sempre que for acompanhada de submissão à vontade de Deus. Também nos enganaríamos se pensássemos que Cristo censurou o uso repetido das orações vocais, o que merece um pouco de reflexão.

A alma pode unir-se diretamente a Deus, sem necessidade de palavras ou de imagens. Esta oração de silêncio ou de mero olhar não é privilégio dos místicos. Foi concedida a esse ancião da aldeia de Ars, que ficava longas horas na igreja, de olhos no tabernáculo, sem que os lábios fizessem qualquer movimento. Quando o pároco lhe perguntou o que estava a fazer, respondeu simplesmente: «Eu o olho e Ele me olha». Mas não devemos confundir este silêncio ativo com os silêncios passivos que nos podem levar facilmente ao sono e às distrações. Ordinariamente, para nos unirmos a Deus, temos necessidade de uma ideia – por elementar que seja – da presença divina: é a oração mental propriamente dita. Ainda aqui as distrações nos espreitam, e pode ser necessário tornar a ideia sensível, para que não nos fuja. A palavra vem então em auxílio da ideia, e temos a oração vocal.

Ao distingui-las, evitamos contrapor a oração vocal à oração mental: constituem como que duas etapas da verdadeira oração, reforçam-se mutuamente, e, as mais das vezes, andam unidas uma à outra. Recitar palavras, se não se pensa no que se diz, não é fazer oração. O espírito deve ocupar-se em Deus, ainda que sobrevoe as palavras que os lábios articulam. Neste caso, as palavras têm a função de uma barreira que nos põe ao abrigo de pensamentos profanos: não se interpõem entre Deus e nós, mas entre nós e a terra; situam-nos e mantêm-nos em estado de oração. Há pessoas que, orando isoladamente, gostam de falar com Deus em voz alta, porque desse modo a sua atenção não se desvia. Outras, como Santo Agostinho e, mais perto de nós, o padre Gratry, para ficarem mais unidas a Deus, fazem oração de pena na mão e anotam as inspirações que recebem durante esse tempo. O essencial é estar com o espírito atento. Deste ponto de vista, as palavras que pronunciamos, longe de prejudicarem a espontaneidade da oração, podem favorecê-la. Quem negará que as palavras da Oração Dominical, ditas com pausa e reflexão, não nos põem imediatamente em contato com Deus? Preparam um diálogo interior que se estabelece com ou sem o recurso a palavras.

É sabido que a recitação pública de orações vocais, particularmente das que se ensinam às crianças, tem por resultado destruir o gosto e a necessidade de orar. Convém por isso evitar que a oração vocal se transforme num espartilho que prenda a alma, ao invés de exercer a função de sustentáculo. De resto, a maior parte das orações vocais, as da liturgia ou as que foram compostas por santos, já deram provas da sua eficácia: santificaram muitos cristãos antes de nós, foram pronunciadas muitas vezes, desde há muitos séculos. Ao recorrermos a elas, utilizamos a comunhão dos santos e apoiamos a nossa fé na fé da Igreja.

Resta dizer que a oração dos outros deve despertar a nossa oração pessoal, e que é necessário repensarmos por conta própria o que outros souberam exprimir melhor do que nós. Dito isto, não precisaremos mais de intermediários, faremos oração por nós mesmos, muitas vezes servindo-nos ainda de palavras, mas das nossas próprias palavras, e preparando instantes de verdadeiro silêncio, para podermos escutar o que o Senhor nos quer dizer. Esta maneira de orar é totalmente oposta ao tartamudear ou matraquear que Cristo condena. Nós falamos a Deus e Ele fala-nos a nós. Nós o ouvimos e Ele nos ouve.

A melhor oração vocal – não em si mesma, mas para nós – é, evidentemente, a que improvisamos forçados pelo sentimento ou pela necessidade que nos leva a rezar. No Evangelho, podemos ver as orações que Cristo escutou a cada canto. Não eram fórmulas sábias e complicadas, como se encontram muitas vezes nos livros; eram contar, em palavras breves e simples, uma desgraça ou uma necessidade. *Senhor, tem piedade de mim!* (Mt 15, 22). *Vem em socorro da minha falta de fé* (Mc 9, 24). *Senhor, aquele que tu amas está enfermo* (Jo 11, 3). *Senhor, lembra-te de mim quando estiveres no teu reino!* (Lc 23, 42)

Era suficiente ouvir esses pedidos, expressos no vocabulário de todos os dias, para que Cristo sarasse os doentes, acalmasse a tempestade, ressuscitasse um morto ou abrisse a um moribundo as portas do céu. Tenhamos naturalidade quando rezamos e não multipliquemos os nossos discursos. O nosso Pai ouviu-nos. A propósito disto, São Gregório tem um comentário feliz: «Se os nossos lábios pedem a vida eterna, sem a desejarmos do fundo do coração, a nossa súplica é um silêncio; se, sem falar, a desejamos do fundo do coração, o nosso silêncio é um grito».

É necessário, por conseguinte, fazermos a nós mesmos uma pergunta, à primeira vista estranha, mas que não é quimérica: desejamos realmente ser ouvidos?; em outros termos, a nossa oração é sincera?

Que se havia de pensar de alguém que pedisse a Deus para não cair numa tentação e que, no entanto, não fizesse nada para desviar dela o seu espírito ou fugir das ocasiões? Se deixamos a nossa imaginação vaguear e a nossa sensibilidade agitar-se em torno do pecado, na realidade continuamos a desejar o pecado que quereríamos evitar. É certo que há em nós uma dualidade desoladora entre o bem e o mal; é o drama da nossa vida moral. Mas devemos combatê-la, porque de outro modo degenera em duplicidade que fere as nossas orações de inanidade. Deus, sempre pronto a fortalecer a nossa vontade do bem, não pode querer em vez de nós aquilo que nós não queremos sinceramente.

Ora, muitas vezes esta duplicidade é mais profunda do que suspeitamos e, por causa disso, passa despercebida. Muitos recitam piedosamente o Pai-Nosso, quando algumas das suas palavras lhes deviam queimar os lábios. Há quem alimente durante meses ou até anos um rancor feroz contra alguém, e no entanto continue a dizer com toda a tranquilidade: «Perdoai-nos as nossas ofensas, *assim como nós perdoamos* a quem nos tem ofendido». Outros exclamam: «Livrai-nos do mal», mas fecham os olhos ao mal de que Deus os quer libertar, desse mal que se chama orgulho, luxúria, paixão do jogo, excesso de bebida, dureza para com os inferiores. Se deixamos medrar em nós paixões culposas, repetindo todos os dias «livrai-nos do mal», como podemos admirar-nos de que a oração não nos melhore, que Deus pareça desinteressar-se dela, quando na realidade não desejamos verdadeiramente o que lhe pedimos? Não somos sinceros quando pedimos a Deus que nos liberte das nossas tendências pecaminosas, se nos abstemos de as controlar e combater. Esquece-se frequentemente o último conselho que Cristo deu aos Apóstolos: *Vigiai e orai* (Mc 14, 38). A oração não dispensa a vigilância, que a deve acompanhar, precedê-la mesmo. *Vigiai*, e depois *orai*.

Este dado da experiência permite esclarecer aqueles que dizem que não encontram na oração a força que esperavam: «O dever é-lhes tão penoso depois como antes, a tentação é igualmente inoportuna, a luta sempre necessária». Mas que esperavam eles de Deus? Que os aliviasse pura e simplesmente das dificuldades? Deus concede-nos o seu auxílio, mas auxiliar não é suprir o esforço. Quando o lavrador pede a um vizinho que o ajude a colocar a roda do carro na rodeira, ambos puxam a roda com força. Não passaria pelo seu espírito deixar que o vizinho se houvesse sozinho com o obstáculo: a carroça continuaria a não andar para a frente. O auxílio do vizinho não tem por fim evitar o cansaço do lavrador. Quando pedimos a alguém que nos ajude, não é para que ele trabalhe em vez de nós, mas para que o esforço dele, junto com o nosso, nos ajude a triunfar da dificuldade.

O mesmo acontece com as graças mediante as quais Deus corresponde às nossas orações: são reforços, auxílios, contributos. Não têm por objeto suprimir o nosso esforço pessoal, mas ajudá-lo, torná-lo capaz de chegar a bom fim.

«Deus dá-nos graças de combate, dizia Bourdaloue. Desejaríamos graças que nos livrassem de todos os perigos e que não nos incomodassem nada. Deus quer que sejam graças que nos façam agir». A sua resposta às nossas orações nunca poderia constituir um incentivo à preguiça, porquanto o sacramento da Penitência não nos corrige automaticamente dos nossos defeitos, e a Eucaristia não serve de anestésico às nossas paixões não combatidas.

Nada se parece menos com a magia do que a ação sobrenatural de Deus; não só os seus dons exigem sempre a cooperação do homem, como também Ele nunca fará aquilo que nós podemos fazer por nós mesmos. Intervém no momento em que atingimos os limites das nossas possibilidades, para que cheguemos a realizar aquilo que não poderíamos fazer sozinhos. Não rezamos para não termos mais trabalho, mas para trabalharmos mais, para sofrermos mais, para vencermos tentações mais violentas. «Aquilo que é impossível ao homem, diz Cristo, é possível a Deus» (cf. Mt 19, 26), mas Deus entende que o homem deve começar por fazer tudo o que está dentro das suas possibilidades. Se assim fizer, a sua oração será sincera; pode ter confiança de que será ouvido.

É ainda Bourdaloue que, ao deparar com esta frase de Santo Agostinho: «Quem a Deus sabe rezar, sabe bem viver», faz notar que se lhe podem inverter os termos: «Quem bem sabe viver, bem sabe rezar». Pelo menos, é necessário que a nossa conduta não esteja em contradição com a nossa oração.

Isto não quer dizer que um pecador não tenha o direito de rezar. Pelo contrário, tem grande necessidade e um imperioso dever de o fazer. O pecador que quer e não pode, «que não faz o bem que ama, mas o mal que aborrece» (cf. Rm 7, 15), tem uma vontade enfraquecida; os seus desejos atraiçoam-no; no entanto, ama o bem que não consegue realizar. A sua oração também é sincera, e, se perseverar, Deus ajudá-lo-á a vencer o mal.

É porque a vida e a oração do cristão caminham lado a lado que São Mateus inseriu na passagem do Sermão da Montanha o texto da oração dominical, que nos dá ao mesmo tempo um modelo de oração e uma regra de vida.

SEGUNDA PARTE

A oração do Senhor

Assim, pois, haveis de orar: Pai nosso, que estás nos céus, santificado seja o teu nome; venha a nós o teu reino, seja feita a tua vontade, como no céu, assim também na terra. O pão nosso de cada dia dá-nos hoje, e perdoa-nos as nossas dívidas, assim como nós perdoamos aos nossos devedores, e não nos induzas em tentação, mas livra-nos do mal.

Porque, se perdoardes aos homens as suas faltas, também o vosso Pai dos céus vos perdoará as vossas faltas. Mas, se não perdoardes aos homens, o vosso Pai também não perdoará os vossos pecados.

Mt 6, 9-15

A paternidade de Deus

Assim, pois, haveis de orar: Pai nosso, que estás nos céus.

Mt 6, 9

Foi numa época posterior, durante uma viagem a Jerusalém, que, segundo São Lucas, Cristo, acedendo a uma pergunta dos discípulos, lhes ensinou a oração dominical. São Mateus preferiu incluí-la no Sermão da Montanha, porque o *Pai-Nosso* é, como de resto o Sermão da Montanha, uma condensação do Evangelho. Não é apenas a oração exemplar, do agrado infalível de Deus, uma vez que foi Ele quem no-la deixou; é a regra da nossa fé, o sumário da nossa lei, o programa que fará da nossa vida um sacrifício de louvor e de obediência fiel à soberana majestade de Deus. Por todas estas razões, merece que um cristão a medite muitas vezes palavra por palavra, para nunca a dizer sem uma respeitosa gravidade. Não é humilhante notar que do divino *Pater noster* fizemos o «padre-nosso», que designa uma enfiada de palavras mastigadas e aldrabadas? Não o pronunciemos sem nos lembrarmos de que é a «Oração do Senhor»: *Assim, pois, haveis de orar...*

Pai nosso que estais nos céus. Cristo utilizava frequentemente esta locução: «O vosso Pai dos céus», afirmando desse modo que não pertencemos inteiramente à terra em que moramos com as outras criaturas. Muitos dos nossos semelhantes, que a fé infelizmente não ilumina, pressentem que o homem, se não na sua origem, pelo menos no seu destino, depende de «alguma coisa que está acima de nós». Acima de nós estão os céus. Quando falamos de Deus, levantamos instintivamente os olhos para a abóbada celeste, como Cristo fez em várias ocasiões, embora saibamos bem que esse mundo invisível, para o qual o nosso pensamento se dirige, não está situado nos espaços estelares cuja imensidade vai sendo progressivamente desvendada pela ciência. Deus está tanto na terra como no ar, e é dentro de nós que mais facilmente o encontramos. A expressão «nos céus» não tende a localizar a presença universal de Deus, mas a prevenir a confusão que nos arriscaríamos a fazer entre Deus e a natureza. Deus é distinto da criação. Domina-a, fica para além dela.

Embora originariamente a palavra «céus» contenha uma referência a «Deus» – o nome inefável –, para nós esse plural tem um certo fim instrutivo. O céu está em toda parte em que Deus se encontra, e «Deus produz o céu onde quer que se encontre» (Faber). «Nós o procuramos como que às apalpadelas», diz São Paulo, «embora Ele não esteja longe de nós, porque é nEle que vivemos, nos movemos e somos» (cf. At 17, 28). Contudo, embora muito próximo de nós, transcende-nos em toda a sua infinitude. *Nos céus* traduz precisamente a sua sublimidade e transcendência.

Está numa outra esfera, diferente daquela em que se desenrola a nossa existência terrestre. Pertence a um mundo onde nada passa, onde não há erro, nem pecado, nem sofrimento, nem morte, mas apenas e plenamente a vida, a verdade, a justiça, a santidade.

Céu e terra: as duas palavras opõem-se tanto pela sua dessemelhança como porque as divide um abismo. Cristo ensina-nos que esse mundo eterno de beleza, irredutível à nossa terra, não nos está interdito, que Ele veio lançar a ponte sobre o abismo que nos separa dele. Bem longe de nele fazermos figura de estranhos, esse mundo é a nossa verdadeira pátria, pois Aquele a quem nós chamamos Pai está nos céus.

«É incompreensível que Deus exista, é incompreensível que Deus não exista». O espírito humano oscila entre os dois termos desta antinomia. Deus, necessário para explicar o que existe, é, em si mesmo, inexplicável. Quem ousaria dar uma definição exata de Deus? Definir um objeto é, segundo a raiz etimológica da palavra, fixar-lhe os limites. Não podemos definir o infinito. Deus, em si mesmo, é incompreensível para nós. Apenas compreendemos aquilo que podemos reduzir às dimensões do nosso espírito. Um Deus que não ultrapassasse o nosso pensamento, que nós distinguíssemos claramente, seria uma invenção do homem.

É por isso que Cristo não nos deu uma definição de Deus. Mostrou-o através da sua pessoa e deu-o a conhecer tratando-o pelo seu nome. Sem se preocupar com as deficiências do vocabulário humano, escolheu para o designar uma das palavras que nós já balbuciamos, colheu-a de certa maneira dos lábios de uma criança: *Abba*, o equivalente galileu do «papai» das nossas crianças. Deus é Pai.

Esta palavrinha diz tudo o que nós somos capazes de dizer. Contém tudo aquilo que temos necessidade de conhecer. Não é uma maneira de falar de Deus; ensina-nos o que Ele é em relação a nós. É Pai.

Poderíamos ser levados a crer que se trata de uma simples analogia. A vigilância e a benevolência de Deus para conosco assemelhar-se-iam às dos pais e das mães para com os filhos. A verdade, porém, é o contrário. São Paulo dobrava o joelho diante do Pai *de quem procede toda a paternidade no céu e na terra* (Ef 3, 15). A autoridade paterna e a ternura materna humanas derivam e são o desdobramento do amor de Deus, que tem por nós a dedicação de um pai e a afeição de uma mãe. O Deus de Israel garantia-o ao seu povo por intermédio do Profeta: *Pode a mulher esquecer-se daquele que amamenta, não ter ternura pelo filho das suas entranhas? Mas mesmo que ela o esquecesse, eu não me esqueceria de ti* (Is 49, 15).

O que caracteriza os pais e as mães da terra é darem a vida num ato de amor. Deus é a vida incriada, e no-la comunica porque nos ama. É para nós mais do que o Criador dos mundos que povoam os espaços, mais do que o Autor das criaturas que vivem conosco sobre este planeta, cuja existência é mantida pela sua providência. Ele é nosso pai e nós somos seus filhos, o que implica entre nós e Ele uma semelhança, uma comunidade de vida, de laços de ternura que o ligam a nós para sempre. Uma criança não pede para nascer: já antes de poder respeitar o pai e obedecer-lhe, o pai tem deveres a cumprir para com ela. O mesmo acontece com o nosso Pai dos céus. *Deus nos amou primeiro*, escreve São João (1 Jo 4, 19). Serve-nos mais a nós do que nós a Ele. É sempre Ele quem dá: nós não podemos oferecer-lhe nada que Ele não nos tenha dado primeiro. Este Deus, tão acima de nós, nos céus, está ao mesmo tempo muito perto de nós, como um pai, profundamente inserido na vida de cada um dos seus filhos.

É nesta relação pessoal que reside a novidade da revelação evangélica. Já no Antigo Testamento Deus é chamado nosso Pai, mas em todo esse período a sua paternidade limita-se ao povo escolhido. Israel é seu filho, seu primogênito. Os Profetas põem em relevo sobretudo o seu poder e os seus direitos paternos: *Um filho honra o seu pai, e um servo o seu senhor. Se eu sou Pai, onde está a honra que me é devida? Se eu sou Senhor, onde está o temor que me têm?* (Ml 1, 6). É de notar que o salmista judeu não se atreve a dar a Deus o nome de Pai, embora, no século II antes da nossa era, o Filho de Sirach nos faça lembrar o Evangelho quando, ao dirigir-se a Deus, lhe diz: *Senhor, Pai e Deus da minha vida* (Eclo 23, 4).

Mas, na linguagem cristã, a paternidade de Deus é muito mais do que uma simples metáfora. Todos já reparamos nas precauções que a Igreja põe nos lábios do sacerdote antes de ele pronunciar o *Pater* na missa. É apenas porque os conselhos do Salvador nos animam, em obediência às instruções do Mestre, que «ousamos dizer»: *Pai nosso*! Onde estaria a audácia se a paternidade divina não passasse de uma imagem? Temos de concordar que, sem os ensinamentos de Cristo, nunca teríamos a audácia de imaginar a realidade com que Deus é nosso Pai.

Quando Cristo falava de Deus, dizia «o Pai», ou «o meu Pai», apresentando-se como seu filho. E é verdade, pois é seu filho por um título incomunicável. É o seu Filho único. Ninguém conhece o Pai a não ser o Filho, *e aquele a quem o Filho o quiser revelar* (Mt 11, 27). Ora, é ao Pai eterno do Filho incriado que *ousamos* chamar «nosso» Pai. Cristo dá-nos o direito de o fazer. Declara aos seus discípulos que também eles podem dizer-se filhos de Deus, a título adotivo. *A vontade de meu Pai é que todo aquele que vê o Filho e nele acredite possua a vida eterna* (Jo 6, 40), «a mesma vida de que Eu participo com o Pai». E deixá-los-á na tarde da Quinta-Feira Santa com esta oração que dirige ao Pai: *Assim como tu, Pai, estás em mim e eu em ti, que também eles sejam um em nós* (Jo 17, 21).

O Pai dos cristãos é o verdadeiro Pai de Cristo. Agregados à família de Deus, recebemos dEle um novo ser e uma nova vida. Estamos ligados a Ele pelos laços do sangue, o sangue de Cristo derramado por nós. «Deus», escreve São Paulo, «predestinou-nos para reproduzirmos a imagem do seu Filho, que assim se torna o primogênito de uma multidão de irmãos» (cf. Rm 8, 29). *Vede*, diz por sua vez o Apóstolo São João, *que grande amor o Pai nos mostrou em querer que sejamos chamados filhos de Deus, e que na realidade o sejamos. Caríssimos, de agora em diante somos filhos de Deus* (1 Jo 3, 1-2).

Graças a Cristo, e porque pertencemos a Cristo, o Deus todo-poderoso a quem Cristo chamava Pai é realmente nosso Pai. Como somos irmãos de Cristo, somos também filhos de Deus. A continuação da oração dominical dá-nos

A PATERNIDADE DE DEUS   91

a conhecer detalhadamente os privilégios e as obrigações que esta realidade comporta.

Enquanto outros «procuram a Deus como que às apalpadelas», nós sabemos que o Pai dos céus vela por nós. *Não estou só*, dizia Cristo, *comigo está o Pai que me enviou* (Jo 8, 16). Temos o direito de dizer o mesmo. O Pai está comigo quando me entrego à reflexão, quando amo os meus irmãos, quando trabalho e quando descanso, quando tenho paz, quando sofro, quando há trevas à minha volta. Nenhuma das minhas necessidades, nenhuma das minhas tristezas lhe é indiferente; posso esperar tudo da sua bondade. Se escorrego, está a meu lado para não me deixar cair... ou para me levantar. Ao pé do nosso Pai, não havemos de comportar-nos com a simplicidade e a naturalidade de um filho? Não devemos ter receio de lhe confiar as nossas mais humildes misérias e os menores dos nossos desejos. *Meu filho*, diz-me, *tu estás sempre comigo, e tudo o que é meu é teu* (Lc 15, 31).

A nossa vida já não é um enigma: é uma obra que nós realizamos com Deus, sob a sua inspiração e com o seu apoio. Todos os dias nos determina o trabalho. *Meu filho, vai trabalhar hoje na minha vinha* (Mt 21, 28). Certamente, não podemos esquecer o pouco que somos; mas por que havemos de esquecer o que Ele é e o que faz por nós? E assim como a vida deixou de nos meter medo, a morte deixou de nos assustar. O Pai nos ama, e basta-nos esse amor para insuflar nos seres efêmeros que somos uma bem-aventurada eternidade. «Tendes um *pai*, dizia Santo Agostinho, tendes uma *pátria*, possuis um *patrimônio*. Quem é este Pai? Caríssimos, de agora em diante somos filhos de Deus».

A fraternidade humana

Assim, pois, haveis de orar: Pai nosso.

Mt 6, 9

As duas primeiras palavras da oração dominical mostram bem que ela constitui o resumo da mensagem evangélica. À afirmação da paternidade de Deus segue-se a da fraternidade humana: *Pai nosso!*

Sem dúvida, a oração é um assunto eminentemente pessoal; mas isto não quer dizer que seja individualista. Cristo não consente que façamos da religião um espetáculo, e por isso nos aconselhou a refugiar-nos no silêncio e a criar a solidão interior que nos permita falar com Deus e estar a sós com Ele: *E teu Pai, que vê o que se passa em segredo, te dará a recompensa.* No entanto, o Pai que Cristo diz ser completamente meu – o *teu* Pai –, deseja que o invoquemos dizendo: «Pai *nosso*».

Devemos chamá-lo assim porque é o Pai de Cristo, da única Pessoa por meio da qual podemos chegar junto da majestade divina, porque cada um partilha com Ele a dignidade de filho de Deus. Tanto no segredo do quarto como entre a multidão, nas igrejas, só se está em oração se se estiver em comunhão com Deus, Pai de Jesus Cristo. Mas, entre Ele e cada um de nós, Deus vê e ouve todos os nossos irmãos, filhos de Deus como nós. A última vez que Cristo rezou diante dos discípulos, enunciou as dimensões desta comunhão: *Como tu, Pai, estás em mim, e eu em ti; que eles sejam um, como também nós somos um* (Jo 17, 21--22). A fraternidade cristã vai até à unidade.

Cristo preveniu-nos de que, se ao fazermos a nossa oração nos lembramos de que um irmão nosso tem alguma queixa contra nós, devemos ir primeiro reconciliar-nos com ele; e só depois poderemos oferecer a Deus a nossa oferenda, que só então lhe agradará. Não temos o direito de chamar a Deus «nosso Pai» se não amamos e não tratamos como irmãos os nossos semelhantes. Um cristão não pode articular as primeiras palavras da oração dominical sem ter a certeza de que está em paz com os seus irmãos.

Está na moda entre os que não têm fé substituir a fraternidade cristã pelo que eles chamam a religião da fraternidade humana. Singular fraternidade essa que se traduz, tantas vezes, por uma concorrência que não recua diante de nenhuma crueldade para eliminar um rival, pelos ciúmes de uns e a inveja de outros, pela propagação de maledicências, de calúnias, de vinganças soezes, de manobras pérfidas. Irmãos, talvez, mas irmãos de armas na guerra contra outros homens; irmãos lançados na luta de classes, ou irmãos tristes na miséria, penando sob o jugo de uma casta de poderosos. Contudo, isto não passa de um aspecto sinistro da humanidade, aliás, normalmente de uma admirável generosidade. Na verdade, por toda parte se encontram homens dedicados aos outros, sensíveis aos sofrimentos alheios, prontos a socorrer as misérias dos seus semelhantes. O homem que acaba de arrancar um desconhecido à morte furta-se aos nossos elogios: «Não fiz, diz ele, mais do que o meu dever de homem».

O que é mais desconcertante é que no mesmo coração humano possam abrigar-se estes dois sentimentos opostos: o amor e o ódio. Em que momento é que este homem contraditório é ele mesmo? Indubitavelmente, quando é bom. Já a sabedoria pagã o reconhecia: «É lei da natureza, escrevia Cícero, que o homem queira bem ao homem unicamente porque é homem». Bossuet dizia mais explicitamente: «Quando Deus formou o coração e a intimidade do homem, colocou nele em primeiro lugar a bondade, para ser como que a marca da mão benéfica que nos fez».

Mas por que razão esta comunidade de origem, de natureza, de destino, que faz dos homens uma única família, por que esta fraternidade humana, fortalecida para os cristãos pela entrada do Filho de Deus na nossa raça, não consegue que vivamos uma autêntica amizade? É porque, entre o amor legítimo de si mesmo e o necessário amor dos outros, há um veneno pernicioso que empeçonha o coração dos homens: o egoísmo; um egoísmo que, para não exibir o seu verdadeiro nome, se mostra sob o nome de interesse: interesse nacional, interesses de classe, interesses privados.

Com efeito, raramente são as ideias que separam os homens; a grande fonte de divisões é o interesse. Ao passo que os homens, seguindo a inclinação do seu coração, tendem a ajudar-se, o interesse provoca desordens nas famílias, inimizades nos povos, conflitos sociais, guerras entre os Estados. O interesse não suscita entre os homens senão ligações efêmeras, dirigidas, além disso, contra outros homens. Uma única força os pode convencer de que é pela concórdia e pela cooperação que podem conseguir a felicidade comum: a força do amor. *Amai-vos uns aos outros* (Jo 15, 12).

No âmago da Revelação encontramos este mandamento: *Amarás!* Mandamento universal que se decompõe num feixe de obrigações para com Deus e noutro feixe de obrigações para com o próximo. Amarás a Deus porque é digno de ser amado, porque é soberanamente amável; amarás todos os homens, ainda que não o mereçam, porque são filhos de Deus, como tu. Não posso afirmar a Deus que o amo, se quero mal a um dos meus irmãos, ou, mesmo, se penso mal dele. *Se alguém*, diz São João, *afirma: Eu amo a Deus, mas odeia o seu irmão, mente. Quem não ama o seu irmão, a quem vê, como pode amar a Deus, a quem não vê?* (1 Jo 4, 20).

Cumprida esta condição, Cristo quer, além disso, que o cuidado dos nossos irmãos tenha o seu lugar na nossa oração. Este cuidado não pode prejudicar a intimidade do nosso encontro com Deus, pois, na realidade, orar é também cuidar dos nossos irmãos.

Devemos orar no plural, pedir não apenas a nossa subsistência pessoal, mas o *pão nosso* para todos, o pão para todos os filhos de Deus. Não são apenas os meus pecados que me devem afligir; hão de preocupar-me os pecados de todos os meus irmãos, para os quais eu peço perdão, ao mesmo tempo que o peço para os meus.

A FRATERNIDADE HUMANA

Perdoai-nos as nossas ofensas. Não estou sendo filho de Deus se não sofro ao saber que os meus irmãos sofrem as mesmas tentações e as mesmas provações que eu. Devo pedir para os meus irmãos, como para mim mesmo, que o nosso Pai *nos* livre do erro, do sofrimento, do mal.

Não podemos abstrair da nossa qualidade de cristãos. Quando Deus se dignou celebrar a sua aliança com os filhos de Israel, determinou-lhes a sua missão: *Sereis para mim um reino de sacerdotes e uma nação sagrada* (Ex 19, 6). O sacerdote é mediador entre Deus e todos os membros da sua comunidade. Como um sacerdote no meio da humanidade, Israel foi escolhido e consagrado a Deus para glorificá-lo em nome de todos os povos da terra. A Igreja tomou o antigo lugar de Israel: de agora em diante, é ela que é *uma raça eleita, uma nação santa, um sacerdócio real* (1 Pe 2, 9), a quem foi confiada a mesma função de medianeira.

Quando dizemos a Deus *Pai nosso*, não lhe apresentamos homenagens mesquinhas, mas a adoração de toda a terra. Não invocamos apenas o pai dos nossos filhos pequenos ou dos nossos pais, o da nossa família ou o da nossa comunidade paroquial; invocamos o Pai de todos os cristãos do mundo. Cristo nos une à sua intercessão permanente por toda a humanidade. Rezamos por todos os homens, por aqueles que nunca souberam rezar, pelos que já não sabem rezar ou pelos que não querem rezar. Emprestamos a nossa voz a inúmeros órfãos, inconscientes ou não, que ignoram ou esqueceram que têm um Pai nos céus. Damos graças em nome dos que não querem dar graças. Ocupamos o lugar dos que se calam, porque, devido à infelicidade que sofrem, têm dificuldade em acreditar que vela por eles um Pai atento e amoroso.

Quando dizemos a Deus *Pai nosso*, rezamos realmente por aqueles que amamos, mas também por aqueles que não nos amam, ou que nos fizeram mal e que, sem o saberem, pela nossa oração se preparam para receber a graça do arrependimento. Rezamos por todos os pecadores, pelos que gemem sob o peso da fraqueza, por aqueles a quem as quedas sucessivas lançaram no desalento, rezamos mesmo pelos que teimam em não reconhecer a sua culpa. Não ganhamos a piedade do «nosso» Pai apenas para as nossas necessidades, ao fim e ao cabo bem pequenas e perdidas na massa das desgraças e dos sofrimentos humanos; dirigimo-nos a Ele vergados sob o peso das imensas necessidades de todo o mundo. Sozinhos, em face de Deus, somos os representantes de toda a Igreja, intercedemos por todo o gênero humano.

Recomendo em primeiro lugar, escrevia São Paulo, *que se façam pedidos, orações, súplicas, ações de graças por todos os homens* (1 Tm 2, 1). Aos olhos do Apóstolo, cada cristão tem uma responsabilidade para com todos os homens. Se omitimos a oração, a virtude recua na terra e o pecado ganha terreno. Podemos levantar e melhorar o mundo, aproximar os homens da salvação, unicamente pronunciando com fé e amor esta súplica universal: *Pai nosso*!

Como o Pai-Nosso é o exercício da comunhão dos santos, podemos pensar que cada um de nós participa da oração de todos os nossos irmãos na fé. Só na luz do Céu saberemos quantos dos nossos irmãos terão intercedido pessoalmente por nós, e a quantidade de cristãos que terão

A FRATERNIDADE HUMANA 99

adorado a Deus em nosso lugar, quando nós tardávamos em fazê-lo, alcançando-nos a graça que nós nem sequer pedíamos. A quantos não deveremos a graça de não termos caído no pecado, ou de nos termos levantado!

A oração de um cristão nunca é isolada. Quando dizemos *Pai nosso*, a nossa oração ganha em amplitude. Conosco suplica toda a Igreja da terra. A nossa oração junta-se à de todos os justos, à do cartuxo e à da clarissa que, afastados do mundo, oferecem por nós as suas orações e as suas penitências. Não é só toda a terra que reza conosco; são também todos os santos do purgatório, que, no meio das suas penas alegremente sofridas, dizem conosco: *Pai nosso*! Depois, o cântico de todos os filhos de Deus assume um tom triunfal. Todos os eleitos aclamam conosco o Pai dos céus, e, à frente de todos os santos, está a nossa Mãe, a bem-aventurada Virgem Maria. E a nossa oração tímida e hesitante transforma-se completamente, no meio desta sinfonia harmoniosa.

Mais ainda: durante a Missa, o celebrante empresta a sua voz a Cristo – o único Sacerdote –, que pronuncia as palavras do Pai-Nosso. Se pensarmos que sobre a face da terra, em todos os minutos das vinte e quatro horas do dia, começa uma Missa em que a oração do Senhor recolhe e transfigura as nossas orações, a terra apresenta-se como um enorme altar em que Cristo e os seus membros oferecem ao «seu Pai e nosso Pai» um louvor contínuo. A humanidade resgatada forma «um único homem cuja oração se prolonga até o fim dos tempos» (Santo Agostinho).

A adoração

Pai, santificado seja o teu nome.

Mt 6, 9

Cristo indica-nos em primeiro lugar a ordem que devemos seguir habitualmente nas nossas orações. Inconscientemente, alguns fiéis dão à sua oração uma ordem contrária à do Pai-Nosso. Apressam-se a pedir, antes de mais nada, o perdão dos pecados e a graça de não voltarem a cair neles; das necessidades espirituais passam imediatamente para as necessidades temporais, que recomendam à providência paterna de Deus; só depois é que tomam consciência da grandeza do nosso Pai dos céus. Ora, por muito urgentes que sejam as graças que esperamos de Deus, temos a obrigação primordial de adorá-lo, de lhe agradecer a sua bondade, de cuidar da sua glória. O culto de nós mesmos não deve prevalecer sobre o culto de Deus.

Além disso, podemos ter a certeza de que o Pai a quem manifestamos o nosso respeito e o nosso amor não permitirá que nos falte nada do que precisamos. «Cuida do que é meu, dizia o Senhor a Santa Catarina de Sena, que Eu cuidarei do que é teu». Antes de lhe falarmos de nós, devemos falar-lhe dEle.

Os discípulos de Cristo, familiarizados com a piedade bíblica, sabiam que o nome designava a pessoa. É preciso, dizia Moisés aos israelitas, *temer este nome glorioso e terrível, o Senhor vosso Deus* (Dt 28, 58). Nos nossos dias e na nossa língua, voltamos a encontrar essa equivalência. Por isso, esforçamo-nos por ter um nome sem mácula; as pessoas célebres desejam que o seu nome esteja em todos os lábios. A honra de que o nome é objeto quando o mencionam é, evidentemente, prestada à pessoa. Do mesmo modo, no início do Pai-Nosso, manifestamos o desejo de que «Deus seja santificado».

Temos, porém, de passar por cima do significado que ordinariamente se dá ao termo *santidade*, ligado exclusivamente à ideia de perfeição moral, de isenção do pecado. Como podemos desejar a Deus a perfeição que Ele possui? Ele é três vezes santo. A palavra «santo» é tomada aqui no seu sentido etimológico, e quer dizer: segregado da multidão, consagrado, inviolável. É nesta acepção que falamos do dever de santificar o domingo, de fazer dele um dia à parte, consagrado ao Senhor. Por maioria de razão, Deus deve ser santificado, separado de tudo o que existe, porque Ele é diferente, único. Tanto no nosso pensamento como na nossa vida, devemos reservar-lhe um lugar à parte, o primeiro lugar. Joana d'Arc interpretava muito bem esta fórmula quando dizia: «Primeiro servir a Deus». Deus deve ser tratado como Deus.

A ADORAÇÃO

Diz-se justamente que Ele deve ser glorificado, não porque possamos acrescentar alguma coisa à sua glória, mas porque podemos aumentar a soma de louvores que as criaturas lhe prestam, podemos acrescentar as nossas próprias homenagens, aumentando assim o número dos adoradores. O catecismo do Concílio de Trento recomenda aos sacerdotes que expliquem aos fiéis que as palavras *assim na terra como no céu*, que se seguem ao terceiro pedido, se referem também às três primeiras invocações da oração do Senhor. Exprimimos o desejo de que Deus, mais conhecido e mais amado pelos homens, seja glorificado na terra como é louvado no céu.

Começou o diálogo de que falamos anteriormente. Como filhos ao seu amado Pai, manifestamos a Deus o desejo de que o seu nome seja conhecido e venerado por toda a terra; e manifestamos-lhe também a nossa pena de que seja profanado indignamente, o nosso desgosto por ser esquecido ou invocado em vão. Mas, ao mesmo tempo, prometemos-lhe cumular de sentido a nossa vida cristã.

Na atual sociedade laicizada, evita-se pronunciar o nome divino. Dizem-nos que a Natureza fez bem todas as coisas, e outros proclamam que o seu culto é o culto do Dever. Temos de quebrar este silêncio intencional. A natureza é uma obra-prima, e portanto é preciso falar do seu autor, que é Deus. O dever é uma lei, e é incompreensível que não falemos do seu legislador, que é Deus. Com naturalidade, devemos dar sentido novo às locuções tradicionais, tais como «graças a Deus» ou «se Deus quiser» (cf. Tg 4, 15), procurando que exprimam realmente a nossa gratidão para com Ele e a nossa submissão fiel à sua vontade.

Não caiamos também no defeito oposto, das pessoas que inconsideradamente fazem intervir o nome de Deus a propósito de tudo e de nada, ou das que julgam os homens e as coisas como se fossem procuradores da Providência. («Foi Deus que o permitiu. Foi Deus que o castigou».) O Decálogo proíbe-nos de invocar em vão um nome que só ocupa o seu devido lugar num contexto de oração.

Pascal censura «o camponês que dá sentenças sobre economia ou o advogado que as dá a respeito da guerra» – assuntos que eles não conhecem – para concluir daí que «só Deus fala bem de Deus». Só Ele fala de si pertinentemente. Deste modo, a rigor, só Deus é capaz de santificar o seu nome. Para que a terra pudesse oferecer a Deus uma adoração digna da sua majestade, foi necessário que a Segunda Pessoa da Santíssima Trindade se fizesse um de nós, e é apenas por estar unida à oblação de Cristo que a nossa oração pode dar glória a Deus. É por isso que a primeira invocação da oração dominical, embora seja uma homenagem dirigida ao Senhor, contém um pedido que diz respeito a nós. Pedimos a Deus que se digne purificar os nossos lábios e os nossos corações para torná-los dignos de o louvar, e, já que Deus nos associa à santificação do seu nome, estejamos à altura de cumprir a nossa missão de adoradores.

Não devemos deixar de cumprir bem uma missão que nos faz participar na terra da eterna vocação dos anjos do céu. E não vale alegar, para a eludir, que não somos dignos dela. Cristo mostrou-se, neste campo, mais acessível. Não

A ADORAÇÃO

hesitou em tomar por confidente uma mulher da Samaria, ainda mal saída do pecado: foi a ela que garantiu que o «Pai quer adoradores que o adorem em espírito e verdade, e de todo o coração» (cf. Jo 4, 23-24). O Pai terá de buscá--los, pois eles não se encontram habitualmente pelas ruas, e terá de contentar-se com essa samaritana. Do mesmo modo se contentará conosco, pobres pecadores, a quem concedeu a graça de se revelar.

Em vez de prostrações e genuflexões, que podem não passar de atitudes externas, o Pai pede que sintamos a nossa pequenez, confessando a sua grandeza: «Meu Deus, Vós sois tudo e eu não sou nada, e Vós encheis este nada de Vós mesmo».

Adorar não é apenas inclinar-se diante do poder de Deus. *Tu crês que há um só Deus*, escreve São Tiago. *Também os demônios creem, e tremem* (Tg 2, 9). Adorar é também admirar com alegria a santidade, a bondade, o amor de Deus, é reconhecer a sabedoria dos seus desígnios, mesmo quando a sua impenetrabilidade nos choca. Que felicidade louvar a Deus, «este Deus imenso, tão grande que não nos é possível sair da sua presença, que nos vê constantemente, e para o qual não há segredos em nós» (Faber). Que graça podermos louvá--lo em nome do mundo inteiro! Sente-se passar este frêmito de alegria num dos mais antigos hinos da Igreja oriental, o *Glória* da nossa Missa: «Senhor Deus, rei dos céus, Deus Pai todo-poderoso: nós vos louvamos, nós vos bendizemos, nós vos adoramos, nós vos glorificamos, nós vos damos graças por vossa imensa glória».

«Nós vos damos graças». Que lugar atribuímos à ação de graças na nossa oração? Começamos imediatamente a pedir, porque somos pobres de Cristo; mas Cristo quer que, em primeiro lugar, bendigamos o Pai que nos dá tudo, que digamos bem dEle (é o sentido da palavra bendizer), que lhe dirijamos os nossos agradecimentos. Nos dias em que o cansaço nos dificulta a atenção do espírito, podemos começar a nossa oração com esta simples palavra: Obrigado. «Obrigado, meu Deus, por terdes permitido que vos conheça. Obrigado pelas maravilhas da criação, pelo dom prodigioso da Encarnação, pelo amor absoluto da Redenção!» Depois, podemos continuar a enumerar as provas pessoais da sua bondade, sem esquecer o seu perdão, sem esquecer as suas provações. E uma vez que falamos no plural, podemos agradecer a Deus em nome de todas as pessoas felizes que se esquecem de fazê-lo, e em nome dos infelizes que se julgam esquecidos por Ele. Agradeçamos-lhe a inteligência, a paciência, o poder que concedeu aos homens.

Mas é também pela santidade da nossa vida que Deus deseja ser santificado aos olhos dos homens. «Vós sois a luz do mundo. Que a vossa vida luminosa brilhe aos olhos dos homens, para que ao verem o bem que fazeis, glorifiquem o vosso Pai que está nos céus» (cf. Mt 5, 14). Foi Cristo quem o disse. Podemos dar glória a Deus pela retidão da nossa conduta, muito especialmente pela nossa caridade fraterna. É pelos nossos atos e pelo nosso caráter que aqueles que não conhecem a Deus verificam se Ele não passa de uma palavra, ou se é realmente possível que exista. Quando perguntam o que é Deus, é em nós que procuram a ideia que dEle se pode fazer.

A ADORAÇÃO 107

Os mais humildes dos cristãos são, deste modo, as suas testemunhas mais autênticas. Quando nos virem aceitar com simplicidade as nossas modestas condições de existência, com uma honestidade escrupulosa, encontrando sempre um modo de ajudar os outros, saberão que é falso que Deus seja o guarda inventado pelos ricos para guardar-lhes o cofre. Quando virem que nos dedicamos a fazer os homens felizes, suportando alegremente os nossos trabalhos, ocupados em estabelecer a justiça, a concórdia e a paz sobre a terra, respirando alegria, não podem pensar que foi o medo do homem, indefeso perante as forças desconhecidas da natureza, que inventou Deus; terão a certeza de que nós adoramos um Deus de amor.

Santificado seja o vosso nome. Grito de louvor e, ao mesmo tempo, consagração da nossa vida. Não podemos pronunciar esta invocação se não nos esforçamos por realizar o ideal de santidade que o Evangelho nos oferece.

Esta responsabilidade poderia atemorizar-nos se não soubéssemos que Cristo reza ao seu Pai e que continua a glorificá-lo, santificando-nos. Ele disse: *Pai, glorifiquei-te sobre a terra, porque realizei a obra que me confiaste. E santifiquei-me a mim mesmo, para que também eles sejam santificados na verdade...* (Jo 17, 4 e 19). É «por Cristo, com Cristo e em Cristo», como dizemos na liturgia da Missa, que a sua Igreja pode prestar à Santíssima Trindade «toda a honra e toda a glória». E porque a sua graça realiza a nossa santificação, permite que façamos das nossas vidas *uma oblação viva, santa e agradável a Deus* (Rm 12, 1).

O reino de Deus

Venha a nós o teu reino.

Mt 6, 10

É evidente que o segundo pedido da oração dominical se refere a um acontecimento que ainda não se deu: *Venha a nós o vosso reino!* Este acontecimento é evocado todos os domingos, quando dizemos no fim do Credo: «Creio na ressurreição da carne e na vida eterna». Quando Cristo vier, no esplendor da sua glória, para pôr um ponto final na história terrena dos homens, reunirá os seus eleitos no reino que lhes está preparado desde o princípio dos tempos. Então, Deus estará totalmente em nós. O reino de Deus será uma realidade.

«Ó Senhor, vem» – *maranatha* – gostavam de repetir os primeiros cristãos, que, próximos ainda do fato prodigioso da ressurreição de Cristo, viviam na impaciência febril do dia em que Ele haveria de voltar, «o dia do Senhor», como o designavam. A invocação *venha a nós o vosso reino* nos nossos lábios deve exprimir também a expectativa comovente desse grande dia, que marcará o triunfo do amor de Deus e a recompensa eterna da nossa fé.

No entanto, o reino de Deus, que não chegará senão no fim dos tempos, é também o «reino de Deus que está vindo», que vem ao longo dos séculos, à medida que o reino do erro e do pecado recua. Antes de se manifestar no seu esplendor definitivo, deve estender-se e desenvolver-se na terra: discretamente, dizia Cristo, como o grão de trigo perdido na terra, que prepara a espiga da ceifa; progressivamente, como o fermento, que pouco a pouco faz levedar toda a massa em que foi misturado; lentamente, mas de maneira segura, como o grão de mostarda que se torna o maior dos arbustos. Sob este aspecto atual, o reino de Deus estabelece-se, pela graça de Jesus Cristo, no coração dos homens que reconhecem a soberania de Deus e lhe obedecem. E se o Pai é o único que conhece as almas em que o seu reino penetrou, a Igreja desenha os contornos visíveis do reino de que Cristo é a Cabeça. Quando dizemos a Deus *venha a nós o vosso reino*, a nossa súplica vai ao encontro dos desígnios da sua misericórdia, em vista do aumento em número e em valor dos que lhe chamam Pai.

A oração que Cristo nos ensinou associa-nos, pois, à obra de Deus para elevar a humanidade até Ele.

Admiramo-nos às vezes dos longos séculos que passaram antes da Encarnação. Santo Irineu, no século II, dava esta explicação do ato: «Era necessária uma educação lenta para que o homem criado se formasse pouco a pouco à imagem e à semelhança de Deus incriado... Deus conduziu gradualmente o homem à perfeição, como a mãe que, primeiro, começa

O REINO DE DEUS   111

por amamentar o filho e depois lhe dá, à medida que ele vai crescendo, o alimento que lhe convém... Foi necessário que o homem fosse criado, depois que crescesse, que se tornasse adulto, se multiplicasse, ganhasse forças, para chegar por fim à glória de ver o seu Senhor».

Efetivamente, Deus procede por etapas para estabelecer o seu reino na terra. Para Ele, os séculos não contam. Aos seus olhos, *mil anos são como um dia* (Sl 89, 4). Começa por dar a todos os homens a lei natural que eles encontram na consciência, depois forma um povo, que educa pacientemente e que há de ser o núcleo de uma humanidade nova e dócil à sua vontade. Este povo não existia. Deus designou Abraão para ser o pai desse povo. Passaram séculos antes de Deus lhe dar um território, mas ao mesmo tempo celebra com ele uma aliança e impõe-lhe o dever de observar uma Lei mais completa, que revela a Moisés. A história mostra-nos depois as vicissitudes de uma luta incessante entre Deus, que quer elevar o seu povo, e os homens, que não querem corresponder ao seu apelo. A sua justiça tem de castigar os culpados: permite as catástrofes que hão de apagar Israel e Judá do mapa das nações; mas a sua misericórdia fará sair dos destroços «um resto» que terá a missão de salvar o mundo.

Aos Profetas que anunciavam ruínas sucederam-se os que trabalhavam na preparação dos observadores fiéis da Lei. Como um pastor junta as suas ovelhas dispersas, o Senhor preparava um «reino de santos» ao qual os pagãos teriam acesso e que inauguraria uma nova fase do mundo. A Lei deixou de ser escrita em tábuas de pedra para ser escrita no coração dos fiéis, a quem foi dado um coração novo e um novo espírito. Um Profeta chegou a exclamar: *Ah, Senhor, se, rasgando as nuvens, tu descesses, as montanhas tremeriam diante de ti* (Is 64, 1). Apelo para uma encarnação que nessa altura não se podia sequer conceber e exprimir. Viria Deus em pessoa instituir o seu reino sobre a terra.

Entretanto, a verdade pressentida realiza-se. *Quando chegou a plenitude dos tempos, Deus enviou o seu Filho, nascido de uma mulher e submetido* à Lei, para que recebêssemos a adoção de filhos (Gal 4, 5). O *reino de Deus*, disse Cristo, *está no meio de vós* (Lc 17, 21). E Deus reina efetivamente sobre a terra. Pela sua vida e pelo seu sacrifício na Cruz, Cristo garante a vitória da humanidade sobre o pecado; torna-se o segundo Adão, gerador de um povo novo, capaz de obedecer à terceira lei, a lei perfeita do Evangelho, que permite aos homens corresponderem plenamente às intenções de Deus.

Depois da Ressurreição, que deu aos que foram regenerados a certeza de que também eles haviam de triunfar da morte, Cristo confia à Igreja a tarefa de continuar a sua missão, entre todos os povos do globo terrestre, até que Ele venha concluí-la. Mas como se pode realizar esta tarefa sem a ajuda de Deus? É por isso que nós lhe pedimos que nos ajude a esperar, a preparar, a apressar o progresso do Evangelho que há de levar à realização definitiva do seu reino.

Até o fim dos tempos, a Igreja há de repetir: *Venha a nós o vosso reino!*, mas esta oração impõe-se com particular acuidade numa época como a nossa, que se vangloria de substituir o reino de Deus pelo reino do homem.

O REINO DE DEUS 113

É a perpétua ambição de Satanás. Fez dançar esse sonho diante dos olhos do primeiro casal humano, diante da árvore simbólica da ciência do bem e do mal: «Sereis como Deus, decidireis por vós o que é o bem e o que é o mal» (cf. Gen 3, 4). Em todas as gerações há homens que repetem a mesma pretensão de repelir Deus, de passar sem Ele, de viver como lhes apetece. Esta reivindicação afirmou-se com mais violência quando Cristo veio instaurar o reino de Deus. Uma das suas parábolas relata-nos a declaração dos seus adversários: *Não queremos que ele reine sobre nós* (Lc 19, 14). E pensaram que aniquilavam a sua obra condenando-o ao suplício da crucificação, quando na realidade a cruz iria expiar o pecado do mundo, e a sua morte nos faria recuperar a vida divina que tínhamos perdido: *Quando for levantado da terra, atrairei tudo a mim* (Jo 12, 32).

O Salvador não escondeu aos Apóstolos que o reino de Deus teria de vencer contínuas contradições, e que, para estabelecê-lo, eles teriam de suportar a calúnia, os castigos, as prisões, a morte. O erro e o mal hão de desencadear sempre ataques contra o Evangelho, tanto mais encarniçados quanto mais santa for a Igreja.

As diversas correntes de irreligião de todos os séculos confluíram, em nosso tempo, num ateísmo que se adorna com títulos científicos. A física, a biologia, as leis econômicas são deturpadas para demonstrar que o lugar de Deus no universo diminui à medida que a inteligência do homem arranca à natureza todos os seus segredos. O homem já consegue prolongar a sua existência, amanhã poderá criar a própria vida. Em breve, sabendo tudo, poderá tudo, será o único senhor da terra...

E, no entanto, na vertigem das descobertas da ciência e da técnica, este novo senhor do mundo, depois de ter desalojado Deus, confessa que não passa de uma unidade anônima ao serviço da coletividade. Não reconhece o seu destino individual. Sabe tudo; só não sabe o que é. Ao mesmo tempo que exalta a sua grandeza, rebaixa a sua dignidade. Quando o homem é rei, que conta um indivíduo? Basta consultarmos o espantoso balanço da guerra mundial desencadeada por regimes materialistas e totalitários. Soldados mortos aos milhões, civis massacrados, prisioneiros chacinados em campos de concentração, populações transferidas ou escravizadas, cujos sofrimentos se prolongam e se renovam. São estes os desastrosos efeitos do reino do homem. Tal é a sua lógica sem piedade, porque, quando se ignoram as leis divinas, que freio pode conter a guerra entre os povos, as perseguições raciais, as lutas de classe? Se não existe acima do homem uma autoridade que lhe dite o dever, quem há de fixar os limites dos seus direitos? Ao expulsar Deus, a humanidade assina a sua sentença de morte.

«Pai, que venha o teu reino, pois não foi para estas loucuras e para esta carnificina que nos criastes». O homem não se engana quando aspira à grandeza: apenas corresponde aos desígnios de Deus a respeito dele. Mas não é pelo orgulho nem pela força que se engrandecerá. *Bem-aventurados os mansos*, disse Jesus, *porque possuirão a terra* (Mt 5, 5). O homem atinge o seu duplo destino temporal e espiritual quando aceita alegremente e espera corajosamente o reino de Deus.

O REINO DE DEUS

Repetindo com uma esperança invencível a segunda invocação do Pai-Nosso, não nos esqueçamos de que juntar as mãos não é sinônimo de cruzar os braços. Depende parcialmente de cada cristão que o reino de Deus se propague na terra, o que pressupõe, em primeiro lugar, que não devemos pôr-lhe obstáculos em nós mesmos. *O reino de Deus*, disse Cristo, *é daqueles que o arrebatam pela violência* (Mt 11, 12). A ação divina não nos transformará se não travarmos uma luta corajosa contra as potências do mal, que exercem a sua ação dentro de nós. A sensibilidade e a imaginação tendem instintivamente a revoltar-se contra a ação de Deus, o nosso juízo encontra sempre razões a opor às suas ordens, e a nossa vontade revolta-se mais facilmente do que obedece. Não percamos a coragem quando nos apercebemos destas penosas contradições. O que importa é não consentir nelas; é para as reprovar e para as reduzir que dizemos com Cristo: *Venha a nós o vosso reino*. À promessa do nosso esforço responde Deus com a promessa do seu auxílio.

A nossa ação missionária

Venha a nós o teu reino.

Mt 6, 10

Ao rezarmos para que venha o reino de Deus, estamos pedindo-lhe que nos ajude na luta contra as forças do pecado. Luta que começamos por travar dentro de nós, onde temos a certeza de vencer, para continuá-la à nossa volta em nome de Cristo, com quem fazemos causa comum. A propósito disto dizia o Senhor: *Quem não é por mim é contra mim* (Mt 12, 30). Ordenou-nos que fôssemos mensageiros do Evangelho, que ensinássemos a todas as pessoas os preceitos que nos deu. Não podemos dizer a oração do Senhor sem ganharmos plena consciência da tarefa missionária de que nos encarregou.

Devemos notar antes de mais nada que não é facultativa. «Um cristão, escrevia o padre Perreyve, é um homem a quem Cristo confiou todos os homens». Nenhum de nós recebeu o privilégio singular de conhecer o Evangelho pura e simplesmente para «se salvar», como às vezes se ouve dizer. Tal concepção da salvação assemelha-se muito ao grito de «salve-se quem puder», lançado no pânico de um desastre; seria diminuir horrivelmente o adorável mistério da Redenção reduzi-lo às dimensões exíguas da nossa pessoa. Cristo derramou o seu sangue para transformar e santificar o mundo inteiro, e liga a esta obra todos os que, graças ao batismo, fazem com Ele um só. *Chamou os que quis. E foram a ele* (Mc 3, 13), e Ele os enviou a pregar. Chama-nos e, quando aparecemos, torna a enviar-nos. Temos necessidade dEle para nos salvarmos, e Ele tem necessidade de nós para salvar o mundo. Recebemo-lo para o dar. Não nos redimimos senão redimindo os nossos irmãos. Não seremos verdadeiramente salvos senão fazendo-nos com Ele os salvadores dos outros.

Se compreendemos que Deus amou tanto o mundo que lhe deu o seu Filho único, como podemos aceitar que o seu amor não seja conhecido em toda a terra? E se não esquecemos que são benditos do Pai os que tiverem amado os seus irmãos, poderemos pensar que somos desse número porque nos salvamos a tempo, sem nos lembrarmos de tantos homens que não conhecem ou não compreendem o Evangelho, mas que Deus ama como a nós e que têm como nós capacidade para recebê-lo? Não temos o direito de seguir tranquilamente o caminho da virtude (pelo menos do que nós julgamos ser virtude), esquecendo-nos de parar junto de tantos homens roubados, feridos e abandonados, quase mortos à beira do caminho. Não temos o direito de passar ao largo, muito satisfeitos com a nossa consciência, com o mero pretexto de que

A NOSSA AÇÃO MISSIONÁRIA 119

regressamos do templo, onde estivemos rezando. Que foi que dissemos no templo? Pai, *venha a nós o vosso reino*. Estas breves palavras são um grito de missão, um grito de conquista que convém entoar como uma marcha de guerra, com alegria.

Com alegria, porque, por mais lentos que pareçam os seus progressos, o reino de Deus estende-se sobre a terra. Hoje, pelo menos nominalmente, há no mundo centenas de milhões de cristãos que aprenderam e, na sua maior parte, repetem a oração ensinada por Jesus Cristo. E se só Deus pode julgar da santidade da Igreja, nós podemos, no entanto, observar a influência do cristianismo sobre os costumes do nosso século, a despeito das acusações não menos fundadas que possam merecer. A dignidade da pessoa humana, os direitos da consciência, o sentimento de justiça, o respeito devido ao trabalho, o desejo de uma repartição cada vez mais equitativa do bem-estar entre os homens, o desejo de paz entre as nações: estes princípios e estas aspirações que animam e honram a sociedade contemporânea derivam em linha reta do Evangelho.

Infelizmente, nem todos aqueles que os proclamam são abertamente cristãos. Contudo, «não estão longe do reino de Deus» (cf. Mc 12, 34). Vivem parcialmente da mensagem de Cristo. Falta-lhes conhecer Aquele para quem se sentem atraídos, sem o saberem, pelo fundo de nobreza que trazem dentro de si mesmos.

É por isso que o discípulo de Cristo está ao mesmo tempo contente e insatisfeito. Nunca é demais meditar estas linhas de Gratry: «Um homem religioso devia ter sempre no pensamento a imagem total do globo terrestre. Rezemos diante do Crucifixo. É precisamente isso que convém. Mas a verdadeira cruz não está isolada na terra...; a base, o pedestal do crucifixo é um globo inundado pelo sangue de Cristo. Nunca façais dessas duas realidades senão uma única imagem... Olhai, contemplai esta terra, templo de Deus, morada comum dos nossos irmãos e das nossas irmãs, dada por Deus aos seus filhos, e dizei: Onde estão eles? Para onde caminham? Em que pensam? Em quem depositam as suas esperanças?»[1]

Com efeito, não é possível ficarmos impávidos diante de um mapa-múndi em que se estendem tantas terras ainda subtraídas ao reino de Deus. Em face dos milhões de cristãos, há muitos mais não cristãos. Mais de dois terços dos habitantes do planeta desconhecem Cristo. Ora, o seu mandamento é formal: *Pregai o Evangelho a toda a criatura* (Mc 15, 15).

É certo que a função da Igreja nos países de missão é normalmente exercida por sacerdotes e leigos que possuem uma vocação específica. Mas, para lhes facilitar os meios de ação, devem poder contar com a nossa oração e com toda a espécie de auxílios que lhes possamos prestar, desde as nossas esmolas até o oferecimento ao Senhor dos nossos trabalhos e dos nossos sofrimentos. A criança e o velho, o doente e o são, podem também ser missionários, seguindo o exemplo de Santa Teresa de Lisieux. Nos últimos meses de doença, o médico tinha receitado à jovem carmelita um passeio diário de quinze minutos pelo jardim do convento. Um dia em que o seu andar parecia

---

(1) *Les sources*, 1ª parte, cap. XII, 2.

mais penoso, a religiosa que a acompanhava aconselhou-lhe que se sentasse: «Estou andando por um missionário, respondeu ela. Penso que talvez um deles esteja esgotado pelos seus trabalhos apostólicos e, para diminuir-lhe a fadiga, ofereço as minhas a Deus».

Mas não é necessário atravessar o oceano para encontrar pagãos. Existem muitos ao nosso lado: pelo menos semipagãos, ou semicristãos, conforme tenham renegado ou esquecido o batismo. Esses são confiados por Cristo aos nossos desvelos.

Para que o reino de Deus chegue a um mundo que se vem descristianizando, temos de fazer recuar o reino do pecado, quer individualmente – na medida a determinar para cada um de acordo com a sua condição e estado –, quer contribuindo com o nosso auxílio para as instituições, ligas, movimentos ou obras organizadas para esse fim. Um cristão estaria traindo o reino de Deus se não lutasse por abolir a miséria, se não atacasse resolutamente as suas causas, tanto as injustiças sociais como a ociosidade e o alcoolismo, se não ajudasse a organizar uma campanha em defesa da moralidade pública.

Não podemos negar a nossa solidariedade ao Estado, à profissão, à classe social a que pertencemos. Nestes termos, somos obrigados a admitir que, se no momento presente há pessoas que se aviltam em favelas e velhos que mal têm com que alimentar-se, cada um de nós é parcialmente responsável por isso, ainda que se sinta impotente para suprimir tal estado de coisas. Somos parcialmente responsáveis pelos malefícios do alcoolismo, pela imoralidade das ruas nas grandes cidades, pela publicidade que se faz de revistas e jornais positivamente deliquescentes, pelas propagandas imorais que atormentam os nossos filhos. Atirar toda a responsabilidade para os poderes públicos é repetir o gesto de Pôncio Pilatos, uma vez que, numa democracia, a autoridade emana dos cidadãos. Todos esses pecados coletivos – poderíamos denunciar outros – são em parte os pecados de cada um de nós, ainda que os odiemos. Condenamo-los e não podemos impedir que se cometam. Temos de viver e sofrer nesta tensão contínua. Mas não temos o direito de renunciar a cristianizar o mundo, embora estejamos socialmente implicados nas violações mais gritantes da lei cristã.

A esta luz, é mais patente a emoção com que é necessário dizer no nosso tempo: *Venha a nós o vosso reino*. É verdade que, por esta inevitável condição que é a nossa, trazemos, seguindo o Cordeiro de Deus, o pecado do mundo. E talvez esta cisão das nossas consciências e dos nossos corações seja a parte escondida, mas a mais fecunda da nossa ação, pois estamos suportando na nossa carne os sofrimentos de Jesus crucificado para a redenção do mundo.

A luta contra o pecado não esgota, porém, a nossa ação missionária. Para dilatar o reino de Deus, é necessário também que demos a conhecer Cristo à nossa volta com plena certeza. *Estejamos sempre preparados para responder a quem nos pergunte a razão de ser da nossa esperança*. Mas o Apóstolo tem o cuidado de precisar: *com doçura e respeito* (1 Pe 3, 15).

Mais eficaz ainda que a palavra e a dor é o nosso exemplo, que anunciará melhor o Evangelho. O apostolado não é propaganda, é irradiação. Pelo seu exemplo, o cristão transforma-se num Evangelho vivo. Discutem-se as ideias, esquadrinha-se um texto, mas diante dos fatos as pessoas inclinam-se. Por aqui havemos de medir a nossa responsabilidade. Um cristão nunca é neutro: dá necessariamente testemunho a favor ou contra o Evangelho, quer queira, quer não. Se o observam entregue à luxúria, à inveja, à arrogância, à injustiça, a sua conduta é a pedra de escândalo que levará os outros a concluir pela inutilidade, quando não inconveniência, da fé cristã. Em contrapartida, o seu culto do dever profissional, o seu desinteresse, a sua benevolência ao julgar, a sua prontidão em ajudar os outros farão respeitar e amar a religião que professa.

São Paulo desejava ser o *bom odor de Cristo* (2 Cor 2, 15). A imagem é muito expressiva. Assim como a violeta escondida debaixo de um tufo de folhas revela a sua presença pelo perfume, também o cristão, sem necessidade de pregar, de acusar, de repreender, unicamente pela sua presença, deve levar os outros a dizer: Cristo não está longe, respiramos o seu perfume.

Esta contribuição modesta será muitas vezes a mais nítida da nossa ação missionária, que, na verdade, não é obra nossa, mas de Deus, o qual se serve dos instrumentos mais humildes para dilatar o seu reino. «Somos todos, escrevia Ozanam, servos inúteis, mas servimos um Senhor que é o melhor dos economistas, que não deixa perder nada, nem uma gota do nosso suor, nem uma gota do seu orvalho».

Fazer a vontade de Deus

Seja feita a tua vontade, como no céu, assim também na terra.

Mt 6, 10

A vontade de Deus pode apresentar-se de duas maneiras diferentes: sob a forma de ordens a cumprir ou de decisões a aceitar. Vamos considerá-la sob o primeiro aspecto, nas ordens da nossa consciência, iluminada pela Revelação que a Igreja tem a missão de nos dar a conhecer e explicar.

Acabamos de manifestar a Deus um desejo grandioso, que nos revelou a possibilidade de empregarmos magnificamente a nossa vida. Queremos, como Ele, que o seu reino venha, e pedimos-lhe para cooperar na realização desse desígnio. Ora, o reino estende-se mediante o trabalho dos homens que lhe prestam uma submissão filial e alegre: *Seja feita a vossa vontade*! Esta invocação determina o centro da oração dominical; é a consequência do que a precede e a condição do que vem depois. Como havemos de dar glória a Deus se nos recusamos a obedecer-lhe? Por outro lado, será na medida em que obedeçamos às leis de Deus que os seus filhos terão pão, que alcançarão o perdão dos seus pecados e obterão a força necessária para se livrarem do pecado. Fazer a vontade de Deus é simultaneamente a obrigação religiosa elementar e o cume da santidade.

As ordens de Deus nada têm de arbitrário, porque emanam da sua sabedoria. As ordens do Criador estão «ordenadas» para o fim que Ele se propôs ao criar-nos. No cântico da Criação com que a Bíblia começa, cada uma das obras de Deus termina com a mesma frase: *E Deus viu que era bom* (cf. Gn 1, 1-31). Mas Cristo quis que os seus discípulos não fossem para Deus como escravos, que não têm senão de obedecer, ainda que desconheçam as intenções do seu senhor. *Chamei-vos amigos porque vos dei a conhecer tudo aquilo que ouvi de meu Pai* (Jo 15, 15). Ensinou-nos que Deus é amor. Os seus mandamentos, além de serem absolutamente sábios, são outras tantas manifestações da sua bondade para com os homens, estão «ordenados», regulados em vista da nossa felicidade, a fim de proporcionar-nos um equilíbrio perfeito das nossas faculdades e o desenvolvimento pleno da nossa personalidade.

Isto é evidente no que diz respeito às leis da natureza: estaria condenando-me à morte se desprezasse a lei da gravidade, ou se não desse importância às leis da nutrição. Estas leis estão «ordenadas» para o bem dos homens. Mas as leis morais têm por autor o próprio Deus, que quer embelezar a nossa vida, elevá-la, fazê-la brilhar. Quanto mais fielmente as cumpramos, melhor realizaremos o nosso valor e a nossa dignidade de homens.

É claro que temos de dominar as nossas reações subjetivas quando um mandamento de Deus nos parece duro demais. Costumamos recorrer então à falácia dos casos especiais, reivindicamos o benefício das exceções, obrigamos a deturpar o direito, eludimos as exigências da verdade. Não percebemos que, ao tomarmos por regra de ação o que julgamos ser o nosso interesse pessoal, nos tornamos vítimas do nosso temperamento, do nosso comodismo, do ambiente em que vivemos. A oração do Senhor: *Seja feita a tua vontade*, convida-nos, em face de uma lei, qualquer que ela seja, a investigar por que e em que medida é boa e necessária em si mesma. Quando vemos que a lei traduz os desígnios de Deus, devemos decidir objetivamente quais os compromissos que nos traz.

Fazer a vontade de Deus não é a capitulação do mais fraco diante do mais forte, mas a confiança no Pai, cuja bondade nos ajuda a ser plenamente homens: é a descoberta radiosa das condições da nossa grandeza. Leva-nos a abandonar a atmosfera estreita do moralismo. Deus, porque é Pai, não gosta de forçar a nossa obediência pelo recurso à ameaça: prefere convencer-nos, e, sobretudo, deseja que o nosso principal motivo seja o amor. Se lhe chamamos Pai, queremos comportar-nos como filhos, aceitando reconhecidamente as suas ordens, cumprindo-as com a liberdade santa dos filhos de Deus.

Seja feita a vossa vontade. Estas palavras, com efeito, implicam a afirmação da nossa liberdade. Quando os homens imaginam que salvaguardam a sua autonomia porque se libertam das leis divinas, vêm fatalmente a violar os direitos e a liberdade dos outros, e dão origem aos tiranos e aos escravos. Ao mesmo tempo, abdicam da sua liberdade, pois caem sob o domínio das suas impressões ondulantes, cedem à força ou seguem passivamente as opiniões e os costumes do maior número. Agir como homem livre consiste em libertar-se de todas as influências que contrariam a razão ou que não têm razão de ser, e, em primeiro lugar, dos apetites inconfessáveis ou dos cálculos egoístas; consiste em despojar-se de todas as tendências opostas ao desejo fundamental do bem.

Desde que se queira simplesmente o que Deus quer, não somos puxados por duas forças antagônicas, o dever e o prazer. Se estamos convencidos de que Deus quer apenas e inteiramente o nosso bem, *aquilo que me agrada* e *aquilo que eu devo fazer* são uma e a mesma coisa. Já não temos nada a ceder, estamos plenamente de acordo. A lei deixa de nos ser imposta de fora, torna-se interior a nós. Suprimimos os *ses*, os *contudos*, os *porquês*, os *talvez*. Deixamos de discutir para saber se tal coisa se faz ou se deixa de se fazer. Dizemos «sim» sem reservas, sem reticências. Seguimos diretamente pelo caminho da fidelidade e da santidade. Como disse Cristo, ocupamos automaticamente um lugar entre a família dos filhos de Deus: *Aquele que faz a vontade de Deus, esse é meu irmão, minha irmã e minha mãe* (Mt 12, 50).

O pedido que fazemos a Deus, se envolve a promessa da nossa obediência, é um apelo direto ao seu auxílio indispensável. Na prática, há de significar muitas vezes um pedido para que Deus nos dê a conhecer a sua vontade. É que a precisão dos mandamentos de Deus não impede que a sua aplicação aos casos concretos possa dar lugar a incertezas. Podemos encontrar-nos em situações em que seja necessário escolher entre dois deveres difíceis de conciliar; por exemplo, entre a obrigação de viver a caridade e a de não faltar à verdade. Quem não comprovou ainda que muitas vezes o difícil não é cumprir o dever, mas saber qual é? Fazer a vontade de Deus equivale então a pedir-lhe que nos esclareça sobre a sua vontade atual. Se oramos abstraindo de nós mesmos, divisamos em três sinais a ordem que Deus nos prescreve.

Em primeiro lugar, a vontade divina traz sempre a marca da sua sabedoria. Ela é sempre possível, porque o que Deus quer de nós é sempre razoável. Pede-nos que não percamos tempo, sabendo aproveitá-lo em vez de nos esgotarmos ocupando-nos em mil coisas simultaneamente. Pretende que dominemos a nossa natureza, mas não que a torturemos; deste modo, obriga-nos tanto ao repouso como ao trabalho. Proíbe, por exemplo, a uma mãe jovem que arrisque temerariamente a saúde. Convém notar também que Deus não pretende de todos a mesma coisa. Pode pedir mais a uns do que a outros. Ao jovem Francisco de Assis, pediu-lhe que abandonasse toda a sua fortuna, gesto que num pai de família seria uma loucura. Aquilo que Deus pretende de cada um de nós é sempre razoável e possível.

Porém, embora queira que tenhamos frieza de raciocínio e pés no chão, Deus orienta os nossos olhares para o céu. A segunda característica da sua vontade é exigir-nos um esforço para vencer as dificuldades. Num mundo desarticulado pelo pecado, as correções de rota são indispensáveis, e a nossa natureza sofre com isso. A vontade de

Deus não deixa de ser razoável pelo fato de nos impor uma renúncia que retifica os desvios do nosso egoísmo. Obriga-nos a quebrar os laços que nos impedem de elevar-nos acima da terra.

O terceiro indício é que é realizável imediatamente. Aquilo que Deus quiser amanhã dar-nos-á a conhecer amanhã. A sua vontade refere-se ao momento presente, à tarefa imediata. O heroísmo que nos pede nada tem de espetacular, circunscreve-se ao cumprimento fiel e perfeito dos nossos deveres de cada dia, à caridade sorridente e alegre de todos os instantes. Alguns julgam que a coragem e a generosidade é fazerem o contrário do que gostam. Deus prefere que amemos aquilo que devemos fazer, que ponhamos todo o nosso coração no trabalho concreto de cada dia.

Pedimos para conhecer a vontade de Deus, mas devemos fazê-lo também para obter a graça e a energia de querê-la e de cumpri-la, pois temos de contar com a fadiga, a inconstância e o receio que paralisam os nossos esforços. Havemos de ver isso ao continuarmos a oração dominical. Por agora, limitemo-nos a acrescentar estas palavras: *assim na terra como no céu*. Para executarmos a vontade de Deus, pode servir-nos de modelo o curso harmonioso dos astros ou a espontaneidade com que os anjos a cumprem. Seja como for, Cristo garantiu-nos que a terra não é incapaz de rivalizar com o céu, quando um coração humano se deixa penetrar pela graça. O texto evangélico começa com a embaixada do Anjo, anunciando a Maria os desígnios de Deus a respeito dela. A resposta fervorosa e humilde da

FAZER A VONTADE DE DEUS 131

Virgem foi: *Eis a escrava do Senhor; faça-se em mim segundo a tua palavra* (Lc 1, 38). A docilidade santa de Maria pode servir-nos de modelo, para que a nossa vida ocupe o devido lugar na harmonia da criação.

Não podemos concluir do que dissemos que a oração ensinada por Cristo deve reservar-se aos santos (quando o seu fim é precisamente santificar-nos) e proibir-se aos pecadores, com o pretexto de que estes não a podem dizer sem deslealdade. Houve espíritos amargos que pretenderam que assim fosse, como se nunca tivessem lido no Evangelho que Cristo é «o amigo dos pecadores». Esta súplica lançada aos céus é para eles em primeiro lugar, e no instante preciso em que medem e choram a sua fraqueza. «Pai, seja feita a vossa vontade, apesar das nossas resistências e a despeito dos nossos desejos em contrário. Ajudai-nos a não querer aquilo que nos seria funesto, porque no-lo proibis, mas a amar com simplicidade o que Vós quereis».

Querer o que Deus faz

Seja feita a tua vontade.

Mt 6, 10

Pela nossa fidelidade aos mandamentos explícitos do nosso Pai dos céus, damos-lhe glória e contribuímos para dilatar o seu reino: é por isso que pedimos que ilumine a nossa inteligência e fortaleça a nossa vontade, para sermos capazes de corresponder ao seu amor, pela docilidade às suas leis.

Deus, porém, não solicita apenas a nossa adesão livre: impõe-nos também condições de vida às quais devemos submeter-nos. Nesse caso, já não temos de fazer «o que Deus quer», mas *querer o que Deus faz,* e corresponder por conseguinte aos desejos frequentemente pouco claros da Providência. A invocação *seja feita a vossa vontade* ganha então um significado mais rigoroso. A nossa aquiescência à vontade de Deus exige muitas vezes um amor heroico, para o qual podemos haurir coragem na oração, pois experimentamos a necessidade de dizer depois de Cristo e com Cristo: *Pai, seja feita a tua vontade, e não a minha* (Lc 22, 42).

Talvez só agora se possa falar de obediência autêntica. A nossa razão descobre facilmente o fundamento dos mandamentos da lei de Deus, e a experiência demonstra que a nossa personalidade se torna mais rica quando os observamos; portanto, a questão é mais de nos adaptarmos do que de nos submetermos a eles. Já não acontece o mesmo quando nos encontramos diante do inevitável. Cristo, nosso único modelo, manifesta a sua alegria em fazer a vontade do Pai; contudo, há na Epístola aos Hebreus uma passagem que dá que pensar: *Embora fosse filho de Deus, teve de aprender a obedi*ência *por tudo o que sofreu* (Heb 5, 8). Todos os cristãos têm de passar pela mesma escola da obediência dolorosa.

Certa vez em que meditava sobre os sofrimentos do Senhor, Pascal abriu subitamente este parêntese: «Se Deus nos desse mestres pela sua própria mão, como seria necessário obedecer-lhes de bom grado! Pois bem: a necessidade e os acontecimentos são mestres infalíveis para nós». Quando o rigor implacável dos acontecimentos nos tira completamente a possibilidade de escolha, é Deus que escolhe por nós. É preciso «obedecer-lhe de bom grado».

Não teríamos grande dificuldade em discernir, no desenrolar das nossas existências, numerosas atenções da parte de um Pai amoroso, que encaminhou muitas vezes para a nossa felicidade imediata acontecimentos inesperados ou que nós tínhamos receado. Mas parece-nos tão normal sermos felizes que não levamos em conta as nossas alegrias, esquecendo-as completamente quando a adversidade nos atinge. Jó, ferido no seu coração de pai, nos seus bens, na sua carne, conseguiu encontrar forças para dizer: «Se recebemos a felicidade como um dom de Deus, por que não havemos de aceitar do mesmo modo a desgraça?» Por que nos é tão difícil dizer a Deus: *Seja feita a vossa vontade*, quando o verdadeiro nome dessa vontade é sofrimento, doença ou a perda de um ente querido?

Acabamos de tocar o mais denso dos mistérios, o mistério da dor, que não chegaremos a compreender totalmente neste mundo. Feridos pela injustiça imerecida, pelo acidente imprevisível, pela morte de um filho, como podemos reconhecer por trás do encadeamento mecânico dos acontecimentos, da máscara dos criminosos, ou da fatalidade brutal e inexplicável, a mão, a intenção ou apenas o consentimento do Pai que nos ama?

Sem dúvida, os males que nos atingem são na sua maior parte imputáveis às faltas e à ignorância dos homens, mas isso apenas faz recuar o mistério, sem o esclarecer. É verdade, Deus proíbe roubar e matar, mas não prende o braço do escroque que esbulha uma família honesta, nem do déspota que desencadeia uma guerra. Custa-nos, sobretudo, admitir que tenhamos sido precisamente nós os «escolhidos» para vítimas dos transgressores da lei divina. Por que tinha de ser a minha mãe que fosse esmagada pelo carro de um imprudente? Por que o meu marido que fosse arruinado por um vigarista? Por que o meu filho que fosse atingido pela paralisia infantil?

Senhor, quando estavas entre nós, curavas os doentes às centenas. Pensavas, como nós, que a doença é uma mancha sobre a criação divina. Por que há então tantas doenças?

Ainda a ciência não triunfou de uma delas, e já aparece outra e começa a causar danos maiores que a primeira. As doenças não desaparecem diante da ciência; dir-se-ia que a desafiam e que se escondem para voltarem a aparecer com novo disfarce. Por que existe a doença que condena à inação o homem que foi criado para agir? Por que há de existir à face da terra essa coisa humilhante que nos destroça o corpo e nos despedaça o coração?

Meu Deus, bem sabemos que nesta terra não estamos senão de passagem. A morte é o castigo do pecado; todos deveremos sofrê-la. Mas por que não segue ela uma ordem? Por que parece que atinge de preferência os lares unidos? Por que morrem as crianças antes dos pais, jovens antes dos velhos? Por que sobrevém o horrível silêncio que separa definitivamente os que tinham uma obra comum a realizar?... Mas para que serve prolongar a infindável ladainha das dores humanas? Rendemo-nos, Senhor, e esperamos que reserves àqueles que amamos e a nós mesmos a recompensa do céu.

À grande dor dos cristãos que sofrem, o Evangelho apresenta o exemplo de Cristo. O Salvador não tinha por que explicar-nos o enigma dos nossos sofrimentos, pois veio partilhá-los totalmente, mesmo no que eles têm de injusto e de incompreensível; ensinou-nos a obedecer até à morte, e morte de cruz. Disse na nossa presença: *Pai, seja feita a tua vontade, e não a minha!*

E, no entanto, os sentimentos que perturbavam o seu coração na noite de Getsêmani eram tais que não pôde articular senão essas palavras; não pôde resistir à multidão de sofrimentos que o arrasavam. Também não nos pede que digamos que a dor não passa de uma palavra vazia. Os evangelistas, que escreveram para afirmar a divindade do Filho do Homem, não pensavam que estariam contradizendo essa intenção mostrando Jesus esmagado como qualquer um de nós sob o peso do sofrimento, paralisado pela tristeza, abatido pelo desgosto. A sua atitude parece-se muito pouco com a dos mártires, que por Ele haviam de caminhar para o suplício sem tremer, numa alegre exaltação.

É verdade que em Getsêmani Cristo não era um mártir, pois tinha-se tornado semelhante a um culpado que expia as culpas dos seus irmãos. Porém, ao dar-nos o exemplo da prostração sob o peso da dor, teve em vista sobretudo não manifestar uma energia que teria desencorajado a nossa fraqueza. Quis parecer-se aos mais fracos de todos nós. Exatamente como nós, afligiu-se por deixar os seus sem apoio, bebeu até à última gota a amargura da injustiça, tremeu diante da tortura, chorou por nós. *Ofereceu orações e súplicas, lançando grandes gritos e derramando lágrimas* (Hebr 5, 7). Quando, por nossa vez, tivermos de sofrer, devemos ser sinceros, não nos encolhendo, mas mostrando a nossa dor. As nossas lágrimas não ofendem a Deus. Ele não nos repreenderá se lhe dissermos, chorando: *Seja feita a vossa vontade.*

Cristo, que não suportou mas aceitou a vontade crucificadora do Pai, espera de nós mais alguma coisa do que resignação ao sofrimento inevitável, pois resignar-se é, ao fim e ao cabo, abdicação de vencido, que cede a uma força que o domina e esmaga. Essa atitude denunciaria no cristão uma desconfiança, pelo menos momentânea, da fé

(que, além do mais, poderia ser manifestação de amor-
-próprio). Entre a resignação e o protesto há a possibilidade de um comportamento mais nobre.

A oração *seja feita a vossa vontade* não implica nem resignação à injustiça nem passividade diante da prova inevitável. Jó, mergulhado na mais profunda miséria, exclamava: *Sei que o meu Defensor está vivo* (Jb 19, 25). Mais
ainda, a oração dominical contém um apelo para uma Sabedoria superior que nos deve fazer justiça. O *fiat* – faça-
-se – de um cristão não é uma abdicação, não é a última
palavra do desespero, a confissão da derrota; é a primeira
palavra de uma súplica filial ao Pai, que, por ser Pai, não
pode deixar de se compadecer do nosso sofrimento. É a
palavra de abandono, pela qual começamos a renunciar ao
que nos é tirado para nos entregarmos sem reservas Àquele
que nunca nos abandona.

A resposta de Deus ao nosso porquê doloroso não está
em nossos raciocínios, está na pessoa do seu Filho, que
venceu o pecado e a morte. Ao dizermos *fiat* com Cristo, já não estamos sozinhos com a nossa desgraça; somos,
no sentido (etimologia) da palavra, «consolados», *sozinhos
com Ele*, que não só nos associa às dores da sua crucifixão,
mas também à aurora reparadora da sua ressurreição. Esta
convicção arrancava a São Paulo uma confissão que nos
deixa estupefatos: *Transbordo de alegria no meio de todas as
nossas tribulações* (2 Cor 7, 4).

É possível que às vezes hesitemos em dizer «seja feita a
tua vontade» com receio de não sermos inteiramente sinceros. Não devemos deixar-nos atemorizar pelo sofrimento.
O desespero não nos restitui o ente querido que nos dei-

xou, nem faz desaparecer a desgraça que nos aflige. Não podemos nos fechar em nossa tristeza. Os vizinhos e os amigos repetem-nos: «É preciso vencer a dor». Consegui-lo-emos se pedirmos a Deus todos os dias que nos eleve aos cumes onde já não procuramos ser amados, mas amar, onde não procuramos ser felizes, mas dar felicidade.

Podemos dizer-lhe: «Pai, não sei a razão do meu sofrimento, mas Vós a sabeis, e não consentiríeis na minha dor se ela fosse inútil. Pai, na realidade, eu precisava sofrer, porque nos meus dias felizes era completamente indiferente à dor dos meus semelhantes. Compreendo agora que devo ter compaixão da desgraça dos outros; nunca mais farei mal a nenhum dos meus irmãos. Esquecia que na condição humana tudo é finito e limitado, a vida, a ciência, os afetos. É natural que as minhas alegrias também tenham fim. Pai, obrigado pelas alegrias que me destes, pelas que me deixais e pela recompensa eterna que me prometeis. Pai, Vós sois melhor do que nós, Vós nos criastes para encontrarmos junto de Vós a alegria e a felicidade, agora e sempre; quero tudo o que Vós quereis».

O pão nosso

O pão nosso de cada dia dá-nos hoje.

Mt 6, 11

As primeiras invocações da oração dominical tiveram por objeto os interesses de Deus: pedimos para sermos capazes, no nosso lugar e condição, de glorificá-lo, de ampliar o seu reino, de fazer a sua vontade. É destino nosso e nossa grandeza sermos associados deste modo à obra eterna de Deus. Como realizamos esta obra na terra, a bondade divina não poderia recusar-nos o seu apoio. Agora também lhe confiamos os nossos interesses pessoais e as nossas necessidades. Não são, como os anteriores, desejos inflamados; são pedidos humildes, cheios de confiança: dai--nos, perdoai-nos, livrai-nos.

Cristo faz-nos pedir primeiro o *pão nosso*. Em outra passagem, adverte-nos que Deus não nos teria chamado à vida se não tivesse garantido os nossos meios de subsistência (cf. Mt 6, 25). Ao dizermos *o pão nosso de cada dia nos dai hoje*, não lhe fazemos a afronta de supor que seria necessário despertar a sua providência para que velasse por nós, pois concede o pão àqueles que não lhe pedem. Sabemos bem que é dEle que os homens recebem tudo aquilo de que precisam para viver: a saúde, a casa, o vestuário, o alimento. Ao conceder todos estes bens aos membros da família humana, Deus quer que os distribuam entre si de tal maneira que o preço da opulência de uns não seja a indigência de outros, mas todos recebam a parte que for justa. Esta parte, necessária e suficiente ao mesmo tempo, é simbolizada nas civilizações ocidentais pelo alimento fundamental e universal: o pão.

Como na primeira parte do Pai-nosso, em que cada petição supunha um esforço da nossa parte, também nesta parte se exige o mesmo, ao expormos a Deus as necessidades da nossa vida física. O adjetivo «nosso» reveste dois sentidos que representam as duas leis que condicionam a satisfação do nosso pedido: a lei do trabalho e a lei da ajuda fraterna.

Exprime, em primeiro lugar, a nossa cooperação indispensável na criação divina: o pão é obra comum de Deus e do homem. Deus criou os cereais e o homem faz o pão. É digno de notar que os geólogos não encontram sinal da existência de trigo sobre a terra antes da aparição do homem. Em contrapartida, o trigo existe desde que o homem existe, e no estado em que o conhecemos atualmente, coisa que não acontece com os outros produtos da terra, que já existiam no estado selvagem e que a cultura paciente do homem transformou em alimentos assimiláveis. O trigo pode comer-se em estado natural. Além disso, ao passo que os legumes apodrecem, o azeite rança

O PÃO NOSSO   143

e o vinho azeda, o trigo não se corrompe; pode reservar-se para os tempos de escassez. O trigo que veio a ser descoberto em túmulos egípcios, fechados há milhares de anos, não tinha perdido nenhuma das suas propriedades nutritivas. Por fim, o trigo pode ser transportado das regiões férteis para os países menos privilegiados. É evidente que é um dom de Deus à humanidade.

Mas Deus quis que o homem fosse, em todos os domínios da sua atividade, co-criador com Ele. Por isso ditou-lhe desde o princípio a lei do trabalho, para que conhecesse a nobreza e a alegria de produzir. Sem o trabalho do homem, a fertilidade dos campos e a regularidade do sol e das chuvas não evitariam que morresse de fome. Pela contribuição da nossa inteligência e dos nossos braços, o trigo de Deus transforma-se em *pão nosso*. É certo que a complexidade da vida social diversificou até o infinito as tarefas dos homens, mas, em última análise, os nossos trabalhos convergem para o forno do padeiro ou partem dele. Pelo seu trabalho, cada qual ganha o pão de cada dia, e todos devem receber a sua parcela de pão para poderem trabalhar.

A oração dominical não permite que nos furtemos a esta lei. O Apóstolo São Paulo condena sumariamente o ocioso que pretenda viver do trabalho dos outros. *Quem não quer trabalhar*, escreve, *que não coma* (2 Ts 3, 10). Contudo, deve notar-se que não se depreende do Evangelho que o homem viva para trabalhar (como ensinam as teorias materialistas), mas que trabalhe para viver. O pão não é o fim do trabalho, é consequência dele. Quando a alta noção do trabalho, concebido como desenvolvimento e enriquecimento da personalidade humana, é rebaixada ao nível do ganha-pão, o trabalho é desprezado ou odiado, as pessoas procuram livrar-se dele e buscam meios imorais para viverem sem trabalhar. A expressão *o pão nosso de cada dia dá-nos hoje* significa, afinal de contas: ajuda-nos a viver. O texto precisa: o pão necessário à nossa subsistência, ou, como se traduz habitualmente, o *pão nosso de cada dia*.

Pedimos o pão para hoje. Se convém, mediante uma poupança prudente, prevenir a penúria possível, o Evangelho, contudo, veda-nos o açambarcamento, que tem como contrapartida fatal a penúria dos nossos irmãos menos afortunados. Não pedimos para amanhã. Viveremos ainda amanhã? No caso afirmativo, o dia de amanhã irá trazer-nos novas necessidades e também novos dons de Deus, pois amanhã, como hoje, Deus virá em nosso auxílio. De resto, esta falta de previsão intencional não será Cristo a querer que digamos todos os dias a oração que nos ensinou?

O cristão não pode ignorar que todos os seus meios de subsistência são outros tantos dons que Deus concede aos seus filhos. Por isso, tanto o pobre na sua incerteza como o rico na sua segurança devem recitar a invocação do Pai-nosso com igual sinceridade. Nos lábios do pobre significa: «Pai, dai-nos trabalho». O fantasma do desemprego reaparece de vez em quando para nos lembrar que este pedido não é supérfluo. O rico, apesar da certeza de que, hoje, nem ele nem os seus têm necessidades, deve pronunciá-la com a mesma convicção, porque é a Deus que deve a graça de estar a salvo da inquietação. Mas é por motivo diferente que Cristo quer que todos os seus discí-

O PÃO NOSSO 145

pulos, tanto o rico como o pobre, lhe peçam não o *seu* pão, mas o *nosso* pão. Este pão, que submete todos os homens à lei do trabalho, ordena-lhes que cumpram também as leis não menos urgentes da justiça e da caridade, as únicas que lhes podem garantir uma repartição equitativa dos bens da terra.

Deus é o Pai da família humana. Nenhum dos seus filhos está ausente do seu pensamento; nenhum, portanto, deve ser estranho ao nosso. Em toda a oração dominical pedimos no plural, tanto pelos nossos irmãos como por nós. O nosso pão é o pão da família, o pão que Cristo ganhava para garantir a vida de Maria; é o pão da amizade que na parábola é preciso oferecer, altas horas da noite, ao viajante extenuado, é o pão de todos os habitantes da aldeia, o pão de todos os nossos concidadãos, o pão de todos os homens. Todos os filhos do Pai devem estar prontos a partilhar uns com os outros o pão de todos. «O pão nosso» é a afirmação de uma fraternidade humana de que é preciso dar provas.

Devemos pensar no pão dos nossos irmãos, cada um segundo as suas responsabilidades. As autoridades civis, os patrões, os empresários, têm obrigação de dar trabalho aos que deles dependem, um trabalho remunerador. Têm obrigação de verificar se os seus operários, os seus empregados, têm com que viver honestamente, de modo a fazerem face aos encargos da sua situação familiar, a poderem viver com certa folga, com uma pequena parcela de supérfluo, que não é menos útil do que o necessário. Comer sem trabalhar é um crime aos olhos de São Paulo; trabalhar sem ter pão para a boca, ou vendo-se obrigado a esconder o pão aos filhos, não é escândalo menor. A consciência não se satisfaz a troco de uma esmola que magoa os que se veem obrigados a aceitá-la. A dignidade humana dos nossos irmãos é credora do nosso respeito; eles têm direito a uma vida livre e desafogada. É preciso satisfazer as suas necessidades antes que a fome faça explodir a sua cólera. Que todos tenham o seu pão, como é vontade de Deus, é condição da paz social.

O discípulo de Cristo pensa nos que não podem trabalhar, nas crianças que ainda estão crescendo, nos doentes que sofrem, nos velhos de membros inválidos. A estes deveres de estrita justiça, que aliás as legislações modernas garantem, um cristão tem de acrescentar alguma coisa mais, tanto mais importante quanto menor é a importância que os outros lhe dão. O órfão, o doente, o desafortunado, que Deus pôs no nosso caminho para que ocupemos junto deles o lugar dEle, não nos pedem nada. O que eles serão é muito mais felizes se descobrirem que os amamos, quando lhes concedemos uma parte daquilo que Deus nos concedeu.

Fica-se com uma estúpida sensação de impotência quando se sabe que a nossa terra podia produzir alimentos para o décuplo da população atual e que, no entanto, existem milhões de indivíduos que passam fome, e que perto de metade dos habitantes do planeta estão permanentemente subnutridos. Com que sentido de responsabilidade deveríamos dizer: *O pão nosso de cada dia nos dai hoje!* É aos cristãos que cabe dar o alarme desta situação. O que falta no mundo não é pão, é amor. Se a oração do Senhor fosse tomada em toda a sua seriedade, garantiria a paz entre as nações.

O pão nosso. Como Cristo o rodeou de respeito! Depois da milagrosa multiplicação dos cinco pães de cevada, cuidou de que não se perdesse nenhum pedaço, para que também nós não esbanjemos o pão nem nenhum dos dons com que o Criador nos ajuda a viver. Há sempre pessoas menos favorecidas do que nós que podemos ajudar com essas sobras.

Tem a sua importância que o Salvador tenha querido comparar a sua palavra ao nosso pão, chamando-se a si mesmo «o pão da vida» que desceu do céu para saciar a nossa fome de verdade, o alimento imperecível que fará com que a nossa vida espiritual não morra. *Senhor, dá-nos sempre desse pão* (Jo 6, 34), disseram-lhe os habitantes de Cafarnaum. Não forçamos o sentido das palavras da oração dominical quando vemos nelas, além do pão material, o alimento espiritual que Deus reserva a todos os que sabem o seu preço e o desejam. Não podemos esquecer que Cristo se entregou a nós servindo-se do pão.

Este pão de trigo, fruto da colaboração de Deus e do homem, gostava Cristo de o partir todos os dias com os Apóstolos, até aquela última noite em que o tomou nas mãos para estreitar ainda mais a união do homem com Deus. O que era pão transformou-se no sacramento do seu corpo entregue por nós, para nos transformar nEle mediante a ação do seu amor. Comunhão maravilhosa de todos os discípulos de Cristo. «Formamos um só corpo com Ele», escreve São Paulo, «todos os que partilhamos do mesmo pão» (cf. 1 Cor 10, 17). No pão que alimenta a nossa vida física podemos ver já a figura ou a promessa daquilo que só se aplica realmente à Eucaristia. Ao recebê-lo de Deus, ao ganhá-lo pelo trabalho, ao partilhá-lo pela caridade, todos os homens constituem uma só família, a família dos filhos de Deus.

O perdão de Deus

Perdoa-nos as nossas dívidas.

Mt 6, 12

A conjunção *e* colocada entre a quarta e a quinta petição do Pai-nosso revela uma ligação entre elas. A misericórdia de Deus é para nós tão vital como o pão cotidiano. Todos os dias temos necessidade do perdão de Deus, e se lho pedirmos todos os dias, Deus concede-o ao nosso arrependimento.

O texto de São Mateus diz o seguinte: *Perdoa-nos as nossas dívidas, assim como nós perdoamos aos nossos devedores.* Esta expressão judaica para designar o pecado foi conservada na tradução latina da oração dominical: *Debita nostra.* «As nossas dívidas» apresenta sobre o seu equivalente usual «as nossas ofensas» a vantagem de ninguém se julgar quite de qualquer ofensa a Deus. A palavra «ofensa» indica uma injúria direta, contendo mesmo uma certa agressividade, uma vontade de ferir o ofendido. Ora, não é raro que os pecadores aleguem não ter tido a intenção de ofender a Deus.

Porém, é inegável que, em face de Deus, todos nós somos devedores. Tendo recebido tudo dEle, devemos-lhe todos os dons que nos faz. Podemos dizer que fomos constituídos depositários de dons inumeráveis. Ao compreendê-lo, surge diante de nós a soma insuspeitada de todas as nossas omissões, temos de reconhecer que não prestamos a Deus a obediência e a fidelidade a que Ele tem direito; vamos contra a sua vontade neste ou naquele ponto, recusamos-lhe muitas vezes o que lhe é devido. *Perdoa-nos os nossos pecados*, é o que lemos simplesmente no texto de São Lucas (Lc 11, 4).

O primeiro objeto deste pedido é alcançar de Deus a graça do sentido do pecado.

Negar o pecado é o supremo recurso do culpado que tem de justificar a sua conduta. Tentativa do orgulho, sem dúvida, embora a pretensão de se declarar em regra com o dever e com a justiça dissimule a homenagem natural que todo homem se sente obrigado a prestar a Deus. O fariseu da parábola, que não reconhecia nenhuma falta no seu passivo, mas punha em destaque as suas boas ações reais, justificava-se em vão, afirma Cristo. Não assim o publicano, que, em vez de discutir e de procurar desculpas, confessava os seus erros: *Senhor, tem piedade de mim, que sou pecador* (Lc 18, 13). Aquele que se condena fica justificado. Não procuremos esquivar-nos, negando que pecamos, porque o mal será sempre mal e nada poderá impedir que tenha sido cometido. E Deus, que condena o pecado, reabilita o pecador que se arrepende, *torna justo* o culpado que não se justifica a si mesmo. «Se tu te desculpas, Deus acusa-te; se tu te acusas, Deus desculpa-te», diz Santo Agostinho.

É evidente que só Deus pode perdoar-nos as dívidas. Só o ofendido pode esquecer a ofensa. Como lemos na Escritura, Deus «pode lançar os nossos pecados para trás das costas» (cf. Is 38, 17). Por baixo do antropomorfismo com que atribuímos a Deus a faculdade de se esquecer, esconde-se realmente a possibilidade de que, pelo fato de Deus não querer pensar mais nos nossos pecados, eles deixem de existir, independentemente das consequências atuais que devamos sofrer. Quando o homem confessa: «Pequei», Deus liberta-o dos laços do pecado. Ao mesmo tempo, o sentimento da falta fá-lo tomar consciência da sua superioridade sobre o mal que cometeu: o seu arrependimento revela-lhe a grandeza a que Deus o quer elevar. Não era aos pagãos, mas aos seus irmãos na fé, «comungando como ele com o Pai e com o seu Filho Jesus Cristo», que São João escrevia: *Se nós nos julgamos sem pecado, enganamo-nos a nós mesmos e a verdade não está em nós* (1 Jo 1, 8).

Os homens confundem frequentemente o pecado com as suas consequências. O que os entristece é o fracasso que o pecado introduz na sua vida pessoal, a humilhação de terem faltado ao seu dever, ou o mal causado aos outros. Nas suas faltas, não veem senão uma infração à lei moral, uma queda que os faz corar. Não as consideram senão em relação aos homens, quando não existe pecado senão em relação a Deus. *Pequei unicamente contra Ti* (Sl 50, 6), gritava o rei Davi no seu arrependimento. Tinha cometido um adultério seguido de um homicídio, com o conhecimento de toda a sua corte. E, no entanto, o crime perpetrado contra um dos seus oficiais, o rapto de Betsabé, o seu abuso do poder, o escândalo que deu ao seu povo, por muito graves que tenham sido, considerava-os ultrapassados em maldade pela sua revolta contra a lei de Deus. Da infração pura e simples da lei decorrem desastres e sofrimentos, mas não há pecado senão contra Deus.

Às vezes, ouve-se dizer: «Como é que Deus pode sentir-se ofendido pela desobediência do homem?»

Porque é Pai e porque nos ama. O pecado é uma recusa de amor, e este qualificativo não deve ser reservado para as perversidades dos grandes criminosos. Todos nós fazemos parte da humanidade pecadora. Se um ímpio blasfemou, eu recusei-me a orar; só Deus pode julgar qual de nós é mais culpado. Se um assassino matou, eu falei mal de um dos meus irmãos, vinguei-me de uma das suas críticas intranscendentes; devo dar a mão ao assassino, que ambos pecamos contra o amor fraterno. Em cada um de nós há profundidades aonde só com coragem se pode descer, existem paixões baixas que a idade, a sabedoria, a mortificação não dominaram ainda, e que estão sempre a ponto de revelar-se. Talvez não notemos os seus efeitos por estarem adormecidas. «Senhor», gritava o salmista, «purifica-me das faltas que se escondem de mim» (cf. Sl 50, 5).

Julgar-se justo é escorregar infalivelmente para o mal; saber-se pecador é empreender o caminho que afasta do pecado. Completemos a frase do Apóstolo São João citada há pouco: *Se reconhecemos os nossos pecados, Deus é fiel e justo. Perdoar-nos-á e purificar-nos-á de todas as iniquidades* (1 Jo 1, 9).

Em Deus não podemos contrapor a misericórdia à justiça; a misericórdia faz parte da sua justiça. O Criador sabe de que barro somos feitos, e por isso continua a amar o pecador que o esquece ou que se afasta dEle. A sua paciência é tão grande como a nossa fraqueza. Ofereceu-nos o único meio de restabelecermos a ordem, que é arrependermo-nos de a termos infringido, reconhecermos a nossa dívida, apelarmos para o amor que antes recusamos. *Perdoai-nos as nossas ofensas* quer dizer, em segundo lugar: «concedei-nos a graça de nos arrependermos delas».

Santo Ambrósio, no seu comentário à narrativa da Criação segundo o Gênesis, ao chegar às palavras «depois Deus descansou», pergunta-se pelo motivo desse descanso inesperado. «Quando Deus fez o céu, não vi que tivesse descansado. Criou os anjos, e também não descansou. Fez a terra, o céu, a lua e as estrelas, tudo sem descansar. Mas li que fez o homem e que então descansou. É que já tinha a quem perdoar».

Com efeito, o Antigo Testamento é um extenso diálogo entre a misericórdia de Deus e a miséria do homem. «Senhor, tem piedade». O culpado nada mais tem a dizer, não pode argumentar com nenhum mérito, a sua sorte depende unicamente da bondade de Deus, que responde à sua súplica garantindo-lhe o seu perdão. *Eu não quero a morte do ímpio, quero que o ímpio se arrependa e viva* (Is 33, 11). *Feliz o homem absolvido do seu pecado... Enquanto me calei, consumi-me a gemer todos os dias... Então, confessei-te o meu pecado, não dissimulei mais a minha transgressão. E tu perdoaste-me a iniquidade do meu pecado* (Sl 31, 1-6).

O Evangelho sancionou a promessa solene do perdão do pecador que se volta para o Senhor. *Aquele que vier a mim*, diz Cristo, *não o lançarei fora...* (Jo 6, 37-39). «A vontade de meu Pai é que não se perca nenhum destes pequeninos» (cf. Mt 18, 14). O pecador é o filho pródigo da parábola, que dissipou os bens do pai e escarneceu do seu amor. Sob o aguilhão da fome, retoma o caminho da casa paterna, mas, cônscio da sua indignidade, vai pedir que lhe concedam um lugar entre os servos da casa. Ora, quando o pai o divisa ao longe, é ele, o ofendido, que se enche de piedade, vai ao encontro do miserável que o desonrou, lança-se-lhe ao pescoço e aperta ao peito o filho envergonhado e arrependido, cujos andrajos continuam a tresandar a porcos. *Não mereço ser chamado teu filho*, exclama o filho. Mas o pai não quer ouvir mais. Manda vestir-lhe um vestido novo, calçar-lhe as melhores sandálias, pôr-lhe um anel no dedo. Que se sente ao lado dele, à sua mesa servida com toda a suntuosidade (cf. Lc 11, 32).

Deus perdoa. Dá além de toda a medida. Dá além do que se pode imaginar. É começar de novo. O passado é inteiramente anulado.

No entanto, poderia dizer-se, não se fez justiça. O pecador não expiou a falta. A sua dívida para com Deus não foi saldada.

Enganamo-nos. O filho que se arrepende tem apenas que agradecer, que agradecer sem cessar, porque a sua dívida para com Deus foi saldada por outro filho, pelo mais santo e mais amável dos filhos, «pelo irmão mais velho de uma multidão de irmãos» (cf. Rm 8, 29), que sofreu o castigo de todos os pecados do mundo.

Um único homem sofreu por milhares de pecadores porque esse homem era o Filho de Deus, e por isso a sua expiação possui um valor infinito. A justiça de Deus foi satisfeita. Nós podemos dizer: «Pai, perdoa-nos» porque Deus escutou a oração que o divino Crucificado lhe dirigiu: *Pai, perdoa-lhes* (Lc 23, 34).

E como Cristo na Cruz expiou todos os pecados do mundo, manda-nos rezar no plural por toda a humanidade: *Perdoa-nos as nossas dívidas.* Sempre que repetimos esta invocação, solicitamos a graça do arrependimento para todos os pecadores da terra. Nos misteriosos meandros da comunhão dos santos, cada um de nós se beneficia de intercessores desconhecidos: pecamos, por nosso lado, pelos pecadores que *não sabem o que fazem.*

Dominemos um receio que muitas vezes invade a nossa oração. Obrigados a pedir perdão todos os dias, em virtude das nossas quedas diárias, poderíamos duvidar da sinceridade do nosso arrependimento. Devemos pensar, no entanto, que, em resposta à nossa oração, o Senhor faz com que não cometamos muitas faltas. «Confesso, meu Deus, escrevia Santo Agostinho, que Vós me perdoastes não apenas o mal que fiz, mas também aquele que graças a Vós não fiz». Sempre que dizemos *perdoai-nos as nossas ofensas*, estamos afirmando que não tomamos o partido das nossas infidelidades.

O perdão do homem

Perdoa-nos as nossas dívidas, assim como nós perdoamos aos nossos devedores.

Mt 6, 12

Deus nunca será insensível ao nosso arrependimento. Sempre que batemos no peito, estamos tocando no seu coração. Perdoa-nos «em atenção aos méritos de Cristo nosso Salvador». Embora não possamos dar nada a Deus para merecer a sua misericórdia, contudo Ele salvaguarda de alguma maneira os seus direitos cedendo, em certo sentido, o seu crédito aos nossos irmãos. Não *achamos graça* diante dEle se, por nosso lado, não *concedemos graça* aos homens que têm culpas para conosco.

Em toda a oração dominical, só aqui Cristo nos faz assumir uma obrigação: *assim como nós perdoamos a quem nos tem ofendido.* Mais ainda, porquanto, depois do texto do Pai-nosso, o evangelista São Mateus cita uma palavra em que o Salvador insiste sobre a relação necessária entre o perdão recebido e o perdão a conceder: *Se perdoardes aos homens as suas faltas, também o vosso Pai dos céus vos perdoará as vossas faltas. Mas, se não perdoardes aos homens, o vosso Pai também não perdoará os vossos pecados.* Além disso, esta disposição faz parte de outra mais geral. *Perdoai e sereis perdoados, dai e dar-se-vos-á... porque com a medida com que medirdes vos medirão também a vós* (Lc 6, 37-38).

A propósito da obrigação de perdoar as ofensas, Cristo passou a parábola do ministro infiel, que subtraiu ao tesouro real uma grande soma, dez mil talentos. Como era incapaz de reembolsar essa importância, ele e a família foram condenados a ser vendidos como escravos. Então o ministro lançou-se aos pés do rei e pediu-lhe clemência. Apiedado, o soberano, em vez de conceder-lhe a prorrogação que ele implorava, perdoou-lhe integralmente a dívida. Ora, este servidor encontrou a seguir um dos seus companheiros que lhe devia cem dinheiros, uma bagatela ao lado dos milhões que o rei acabava de lhe perdoar. Salta-lhe ao pescoço, nega-lhe a dilação que ele implora e manda-o meter na prisão. Grande admiração na corte do rei, que o põe a par da dureza do coração do ministro. O rei manda-o comparecer diante dele e diz-lhe: *Servo mau, perdoei-te toda a dívida, porque me pediste. Não devias, por teu lado, ter piedade desse teu companheiro, como eu tive piedade de ti?* E entregou-o aos carcereiros. *É assim*, concluiu Cristo, *que meu Pai dos céus vos tratará, se cada um de vós não perdoar aos seus irmãos do fundo do coração* (cf. Mt 18, 23-35).

Esta parábola, que ilustra a fórmula do *Pai-nosso*, precisa-lhe o significado.

A expressão *como nós perdoamos* não é mais do que um ato de esperança. Assim como perdoamos àqueles que nos ofendem, esperamos que Deus nos perdoe também. Não vamos, porém, pensar que a nossa indulgência em relação aos outros seja a *causa* da misericórdia divina para conosco. *Perdoei-te toda a dívida*, dizia o rei, *porque me pediste*. Deus concede-nos a graça porque é bom. Não nos perdoa *porque*, mas sim *como* (da mesma maneira que) nós perdoamos aos outros. Para nos conceder de graça o seu perdão, põe uma condição: que também nós perdoemos aos nossos semelhantes. São Paulo apresenta o perdão do homem como uma consequência *necessária* do perdão de Deus: *Como o Senhor vos perdoou, perdoai vós também* (Cl 3, 13).

Deste modo, as nossas disposições em relação a quem nos ofendeu tornam-se a pedra de toque do nosso arrependimento, que é um ato de amor mediante o qual nos arrependemos e reprovamos as recusas de amor que são os pecados. Temos uma maneira de demonstrar com certeza que substituímos pelo amor o nosso egoísmo de pecadores: é esquecermos as injúrias que os outros nos fizeram sofrer. Uma vez que Cristo não exclui ninguém da redenção e nos alcançou o perdão das nossas dívidas mais pesadas, quer que prometamos ao seu Pai que perdoaremos, como Ele, aos homens, por muito maus que se tenham mostrado conosco. Espera que vençamos o nosso egoísmo.

Mas é natural que isto custe à nossa natureza. Ao perdoar, desarmamo-nos, de maneira que não podemos vingar-nos. Esta renúncia não vale senão o que custa. *Se o teu irmão pecar contra ti sete vezes por dia, e sete vezes te vier di-*

zer que está arrependido, perdoa-lhe (Lc 17, 4). E também: *Se o teu irmão te ofendeu, vai procurá-lo e repreende-o a sós; se te escutar, terás ganho o teu irmão* (Mt 18, 15). Deus perdoa-nos sem barulho, no mais íntimo da nossa consciência: o perdão dos homens deve exercer-se no mesmo sentido e com a mesma delicadeza. «Vai procurar o teu irmão», sem testemunhas, para não o chocares. Em público, ver-se-ia forçado a justificar-se, e o conflito tornar-se-ia ainda mais grave.

Repreende-o. Vale a pena admirar a força desta palavra. Recupera-o, porque está prestes a resvalar para o mal. Levanta-o, porque tem vergonha e julga-se desprezado. Esqueceste a tua injúria, e já não há ofendido nem quem ofendeu. Da querela, nenhum dos dois sai vencido. Tu triunfaste do mal pelo bem, e ele ficou reabilitado aos seus próprios olhos. «Ganhaste» o teu irmão, exatamente como o pai do filho pródigo reencontrou o filho que havia perdido.

Ao perdoarmos aos outros, libertamo-los, restituímos a confiança, tornamo-los melhores. E assim, pobres e pecadores como somos, tornamo-nos semelhantes a Deus, pois perdoar é uma ação divina. Tornamo-nos redentores, restituindo a paz ao nosso irmão que ia extraviar-se, e fazemos renascer nele a esperança e a caridade que estavam prestes a desaparecer do seu coração.

Em face das afirmações reiteradas do Mestre, Simão Pedro, perturbado por essa doutrina completamente nova, receava não ter compreendido bem: *Senhor, se o meu irmão pecar contra mim, devo perdoar-lhe até sete vezes?* Cristo dilata ainda mais o número que espantava o discípulo: *Não sete vezes, mas setenta vezes sete* (Mt 18, 21-22). Com este número inverossímil, Cristo não faz do perdão uma formalidade que lhe roubaria todo o valor; suprime completamente os limites, além dos quais teríamos o direito de odiar ou de ceder ao instinto de vingança. Assim como Deus perdoa ao pecador tantas vezes quantas ele se arrepende, também os cristãos, por serem filhos de Deus, devem seguir o exemplo do Pai, perdoar a quem os ofende sempre que for preciso, sem reticências, do fundo do coração. Nessa altura, podem dizer sinceramente: Pai, *perdoai-nos as nossas ofensas assim como nós perdoamos a quem nos tem ofendido.*

Esta certeza deve encher-nos de alegria. Não transformemos promessa tão feliz numa ameaça terrível. Se não perdoássemos aos outros, estaríamos colocando uma cortina entre a misericórdia de Deus e nós.

Não é a nós que cabe julgar os nossos irmãos infelizes que sofreram duramente a maldade dos homens, ou viram ferir seres inocentes que amavam, e que, apesar disso, não perdoam aos malfeitores; mas se a sorte desses homens nos comove, devemos explicar-lhes como compreendemos as palavras de Cristo, a fim de os ajudarmos, se é possível, a dizer com Ele: *Pai, perdoa-lhes.*

Em primeiro lugar, convém esclarecer que o preceito do Salvador não retira às autoridades legítimas o dever de garantir a ordem pública e o bem comum. Não castigar a injustiça seria a pior das injustiças. Deus não pretende privar-nos das reparações jurídicas ou pecuniárias a que temos direito e que muitas vezes devemos reclamar para nós ou para os nossos. Se alguém nos causou prejuízo, podemos reclamar a correspondente indenização. Mas, se nos causou dor, devemos perdoar. Cristo tem em vista apenas o domínio íntimo dos nossos sentimentos. É no segredo dos nossos corações que Ele quer que perdoemos àqueles que nos lesaram, independentemente da sua atitude, tanto se se arrependem da sua falta, como se perseveram nela. Cristo não examina por agora a conduta de quem ofende, mas, como o nosso coração está ferido, debruça-se sobre esse coração que sangra, como o dEle sangrou na cruz; e é para sarar as nossas feridas que nos diz docemente: «Perdoa».

Algumas destas feridas, devemos confessar, são superficiais. Penso nas respostas que nem sempre são premeditadas, nos choques de personalidades, provenientes de diferenças de opinião e de gosto, nas discussões em que as palavras facilmente excedem o pensamento, em todos esses agravos que ferem facilmente a imaginação e a sensibilidade. Por que motivo a arte de nos atormentarmos mutuamente há de ser tão praticada entre pessoas que, no fundo, se amam muito? É necessário que a afeição apareça à superfície. Existem sem dúvida defeitos de parte a parte. Temos de começar por reconhecer os nossos e pedir desculpa deles, que o outro logo se arrependerá das suas. Esquecei e sorri.

Contudo, há feridas que não cicatrizam facilmente: afeições atraiçoadas, maldades deliberadas, prejuízos graves de fortuna, violências irreparáveis. Como não se há de sentir uma cólera justa contra os autores de sofrimentos imerecidos? A esta pergunta, pode-se responder com outra: a cólera vai diminuir a nossa dor? Pelo contrário, aviva-a e exaspera-a. Devemos reservar a Deus o julgamento de

O PERDÃO DO HOMEM

quem nos ofende, porque a falta dele para conosco é, em primeiro lugar, um pecado contra Deus. O Senhor toma sobre si a nossa causa, que é também a dEle. Devemos habituar-nos a pensar: «Deus é que o julgará. Deus já o julgou». Que iríamos nós acrescentar à sentença divina? Talvez uma oração para conseguirmos que o culpado se arrependa e não chegue a ser castigado.

Em nossa expressão pode-se ler: Deus pode perdoar-lhe, mas eu não, que sofro muito.

O perdão completo exige, na verdade, mais do que uma virtude humana. Só a fé pode levar-nos a querer bem a quem nos faz mal. É a altura de nos aproximarmos da cruz, de nos aproximarmos da Cruz de Cristo, e de escutarmos o Salvador, que nos há de julgar e que, dominando os atrozes tormentos da Crucificação, pede ao Pai que perdoe a todos os pecadores, os quais não sabem o mal que fazem, todo o mal que lhe fizeram, todo o mal que nos fazem.

Deus não nos pede o impossível. Não somos senhores plenos da nossa sensibilidade e da nossa memória. Cristo pôs em nossos lábios uma oração, um apelo à graça: «Pai, ajudai-nos a perdoar como Vós aos que me têm ofendido». Esta oração terá uma eficácia dupla, dar-nos-á a paz duplamente. No dia em que dissermos: «Pai, ajudai-me a perdoar», sofreremos menos; e sobretudo conheceremos a misericórdia com que Deus recompensa os cristãos que sabem compreender as faltas dos outros.

A tentação

Não nos induzas em tentação.

Mt 6, 13

Depois de termos pedido ao Senhor que nos perdoe os nossos pecados, pedimos-lhe que nos ajude a não voltar a cair neles. A nossa vontade de lhe continuarmos fiéis é sincera, mas pode fraquejar quando se apresente a ocasião de fazer o mal, porque a ocasião volta a apresentar-se com certeza, e seria quimérico duvidar disso.

A fórmula *et ne nos inducas in tentationem* diverge um pouco das traduções usuais. Contudo, a variante utilizada correntemente, *não nos deixeis cair em tentação*, traduz plenamente o pensamento de Cristo. No tempo de Santo Agostinho, muitos cristãos diziam assim: «Não permitais que sejamos induzidos em tentação». Antes dele, Santo Hilário informa que se dizia: «Não nos abandones numa tentação que não possamos suportar».

Compreende-se a causa destas flutuações. A tradução literal do latim – *não nos induzas* – poderia levar a supor que Deus é o autor das nossas tentações. Ora, é impossível que Ele nos induza ao mal. São Tiago precisou melhor: *Que na tentação ninguém diga*: *É Deus que me tenta. Deus é inacessível ao mal e não tenta ninguém. Cada um é tentado pela sua concupiscência, que o arrasta e o seduz* (Tg 1, 13--14). Com esta ressalva, e se entendemos por «tentação» não a solicitação para o mal, mas a ocasião de pecar, o texto latino, sem deixar lugar a equívocos, conserva o seu pleno significado: «Não nos deixeis cair em ocasiões de fazer o mal».

Assim como pedimos a Deus que nos livre do desemprego, que nos privaria do pão de cada dia, não podemos também pedir ao Senhor dos acontecimentos, implorar filialmente ao nosso Pai, que nos poupe as ocasiões de ofendê-lo? São Filipe Néri, o santo da alegria, usava com frequência invocações deste gênero: «Se Vós não me ajudardes, Senhor, cairei... Se quereis alguma coisa de mim, derrubai todos os obstáculos... Jesus, eu desconfio de mim, mas tenho confiança em Vós». Seguindo-lhe o exemplo, o padre Olivaint dizia: «Senhor, desconfiai de mim, porque, se não tiverdes cautela comigo, amanhã vos atraiçoarei». Estamos em boa companhia para testemunharmos a Deus a confissão humilde da nossa fraqueza.

Contar com as forças *próprias* para evitar o pecado não passa de presunção; é melhor estarmos prevenidos em relação a nós mesmos e lembrarmo-nos de que «a ocasião faz o ladrão». Entre um santo e um criminoso não há, muitas vezes, no ponto de partida, mais do que a espessura de uma casca de laranja, a ocasião que fez escorregar o segundo e que o primeiro não encontrou no seu caminho. O mal que não cometemos não está longe de nós, e possui em nosso interior cúmplices escondidos. A tentação segue-nos incessantemente, engana a nossa inteligência, seduz a nossa imaginação, abala a nossa sensibilidade e precipita a nossa vontade. Mas, depois de a termos repelido, pode voltar a surgir no nosso subconsciente, nas regiões obscuras em que se confundem a hereditariedade e o instinto. Se nos retiramos do mundo, segue-nos na nossa solidão. Se nos calamos para nos recolhermos, perturba-nos o silêncio. Se fugimos da ociosidade, a mãe de todos os vícios, espreita-nos no trabalho. Não é apenas a companheira fatal dos dias de alegria, é também a vingança covarde dos dias de sofrimento.

Não devemos depositar grande confiança nos esforços que fazemos por progredir na virtude, pois essas violências podem provocar reações súbitas. «Nada é mais tranquilo, diz-se, do que um paiol, cinco minutos antes da explosão». A tentação faz-se sentir em todas as idades, em todas as condições e em todos os lugares. Ninguém escapa à sua perfídia, e o pior perigo seria julgarmo-nos fora dos seus assaltos. A passagem da sedução do mal para o pecado que não queríamos cometer reside, muitas vezes, na ocasião súbita e violenta que nos surpreendeu. «Pai, não nos deixes ser surpreendidos pela tentação. Se é ao pé do muro que se conhece o pedreiro, Pai, não me coloques ao pé do muro».

Porque não confio em mim, confio no Senhor, que não permitiria que eu encontrasse a tentação se ela não me oferecesse mais uma ocasião de fazer o bem. São Paulo dizia isto mesmo aos cristãos de Corinto: *Não vos sobreveio tentação alguma que ultrapasse as forças humanas. Deus é*

168 GEORGES CHEVROT

fiel: *não permitirá que sejais tentados além das vossas forças, mas com a tentação Ele vos dará os meios de suportá-la e sair dela* (1 Cor 10, 13).

A tentação é o instante em que devemos escolher entre o bem e o mal. Talvez suspiremos por não ter de experimentar o desejo de fazer o mal. Mas, nesse caso, seríamos fatalmente «virtuosos», como o sol é naturalmente luminoso, como a flor exala naturalmente o seu perfume. Se não tivéssemos nenhum desejo do mal, também não teríamos nenhum desejo do bem, porque estaríamos submetidos passivamente às leis divinas. Deixaríamos de ser homens criados à imagem e semelhança de Deus, inteligentes e livres. Deus deu-nos a dignidade de o servirmos livremente, a honra de podermos amá-lo. Para dizermos a Deus o *sim* espontâneo que Ele espera da nossa obediência, é necessário que possamos ser solicitados a dizer *não*. Para dizermos *não* ao pecado, temos de sofrer momentaneamente a sua atração.

Portanto, a tentação não é um mal em si mesmo: não é um pecado nem um acidente. Constitui para nós – e é o outro sentido da palavra grega que traduzimos por «tentação» – uma *prova*. Diz-se da verdadeira virtude que é uma virtude «provada», uma virtude que foi submetida a provas. Nesse caso, por que é que Deus haveria de desviar de nós a tentação, uma vez que ela nos oferece o meio de lhe provarmos a nossa fidelidade, uma vez que também Ele é fiel e não permite que sejamos tentados além das nossas forças?

Não alimentemos ilusões: a virtude é um ato de coragem. O homem virtuoso não é aquele que fica impassível

A TENTAÇÃO

perante uma afronta, mas aquele que, sob o ultraje, sente as tentações da cólera ferverem e consegue dominá-las: este é virtuoso, porque foi tentado a vingar-se. De modo semelhante, os cristãos vivem da fé, que é um dom de Deus; mas quando é que fazemos um ato de fé, senão quando somos tentados a pensar que Deus se desinteressa de nós? Quando, sob a pressão da dúvida, debatendo-nos nas trevas, mesmo assim afirmamos: «Creio em Deus», então praticamos a virtude da fé, a nossa fé foi experimentada. Cristo perguntava: a caridade é amar apenas aqueles que vos amam? Quando temos todos os motivos para detestar alguém e, resistindo à tentação da cólera, lhe fazemos bem, então somos bons.

A regra é uma só. A virtude reclama uma escolha; embora se nos possa tornar habitual, é nas ocasiões em que resistimos à tentação que ela se atualiza, retempera e fortifica. A tentação é a aprendizagem da nossa liberdade, bem como o meio de demonstrarmos a Deus que o amamos porque lhe obedecemos. Ao permitir que sejamos tentados, Deus quer o nosso bem, tal como a águia que, no cântico de Moisés, excita a ninhada para obrigar os filhos a voar, mas que vela os seus primeiros voos e está pronta a socorrê-los (cf. Dt 32, 11). O medo de sermos vencidos quando surge a tentação não é mais do que um erro psicológico; apesar do sentimento da nossa fraqueza, devemos estar convencidos de que podemos triunfar, porque não estamos sozinhos. É por isso que Cristo nos faz dizer todos os dias, e não apenas no momento crítico em que o mal se nos apresenta inopinadamente: «Pai, não abandoneis o vosso filho na hora da tentação».

Cristo ensinou-nos em que condições podemos vencer a tentação. Aos três Apóstolos que levou consigo para o Jardim das Oliveiras, no começo da noite em que ia ser para eles «motivo de escândalo», fez esta recomendação: *Vigiai e orai para que não entreis em tentação* (Mt 26, 39). Observemos o termo empregado pelo Senhor. É preciso não entrar na engrenagem fatal que conduz do mau pensamento ao desejo, e da aceitação do desejo ao pecado. A vigilância e a oração têm por fim impedir-nos de entrar nesse mecanismo perigoso. Infelizmente, serão ineficazes se não opusermos uma recusa instantânea ao pensamento do mal. Quase todos os nossos pecados devem-se a demoras em repelir a tentação. Em vez de a afastarmos imediatamente, brincamos com o fogo, alimentamos em nós a cólera que pretendemos dominar, familiarizamo-nos com o pecado que ainda não queremos cometer. Mas desde o momento em que imaginamos o pecado, em que o consideramos possível, «entramos em tentação».

Pensemos no exemplo que Cristo nos deu quando *foi conduzido pelo Espírito ao deserto para ser tentado pelo demônio* (Mt 4, 1). Podia escorraçar o tentador com a mesma facilidade com que expulsou os demônios do corpo dos possessos, mas não quis empregar contra Satanás mais armas do que aquelas de que nós dispomos, e que também a nós nos farão triunfar sobre o tentador. Às sugestões do maligno, responde sempre: «Está escrito», e ele recua diante da palavra de Deus escrita nos livros sagrados. Devemos atualizar tão prontamente como o Senhor os mandamentos de Deus antes que a ideia de sermos infiéis ganhe corpo. Antes de que o desejo do mal acorde, devemos substituí-lo por este outro desejo de cumprir a vontade de Deus, que é uma oração ardente e confiante.

«Pai, nós não podemos passar sem o vosso socorro, mas Vós não podeis recusar-nos o vosso auxílio». A nossa confiança torna-se então maior do que a nossa fraqueza, e Deus ajuda-nos a tirar vantagem da tentação, dando-nos o poder de vencê-la.

Em suma, o temor de desobedecer a Deus é a mais comovente demonstração de amor que lhe podemos testemunhar: «Senhor, que pede este cristão que vos grita no momento em que, perto do precipício, é tomado pela vertigem?» Ele vai defender a vossa causa, a honra do vosso nome, a afirmação do vosso reino. Pede que a vossa vontade, Senhor, se sobreponha à dele. Pede que o ajudeis a renunciar à decisão que lhe traz uma satisfação imediata, porque isso vos desagrada. Pede-vos aquilo que representa para ele um sofrimento e uma privação. Este homem nunca vos foi tão fiel como no momento em que treme porque vos pode ofender. Se, por muito maus que sejamos, vos amamos mais do que a nós mesmos, não vos mostrareis tacanho na vossa bondade, «não nos deixareis sucumbir à tentação».

A libertação

Mas livra-nos do mal.

Mt 6, 13

Estas últimas palavras da oração dominical não figuram no texto de São Lucas, talvez – supunha Santo Agostinho – porque não fazem mais do que ensinar, com uma fórmula positiva, a invocação anterior, à qual estão ligadas pela conjunção «mas». Se Deus nos ajuda a vencer a tentação, já nos está livrando do mal. No entanto, sabemos que os primeiros cristãos, nas suas reuniões litúrgicas, utilizavam a fórmula de São Mateus. Este apelo, na realidade, *constitui uma conclusão mais completa da oração do Senhor.*

O próprio Santo Agostinho escreve em outro lugar: «Cada um pede que o livre do mal, isto é, *do inimigo e do pecado.* Aquele que deposita a sua confiança em Deus não receia o demônio, porque, se temos Deus por nós, quem poderá estar contra nós?» Esta frase traduz uma diferença de interpretação da frase: *Libera nos a malo.* Esta última palavra é neutra ou masculina? Os Padres da Igreja latina entendiam-na geralmente como neutra, o que veio a dar a nossa tradução usual: *Livrai-nos do mal*. Os Padres gregos, pelo contrário, consideravam-na masculina: livrai-nos do *mau*, do *Maligno*, o que está mais de acordo com a linguagem sempre concreta do Evangelho. As duas traduções católicas mais recentes têm, uma «livrai-nos do mal», a outra «desembaraçai-nos do Maligno». Santo Agostinho, como vimos, justapõe os dois sentidos, «o inimigo e o pecado». Orígenes explicava assim: «Preservai-nos de todo o mal, quer venha de Satanás, do mundo ou da nossa natureza corrompida». Pelo menos, é certo que o objeto da invocação não se deve restringir às penas e misérias desta vida. Trata-se aqui de um mal mais grave.

Alguns comentadores pensam no mal irremediável: «Pai, livrai-nos *da condenação*». Sem dúvida que devemos encarar com receio o dia em que o Senhor dará a cada um segundo as suas obras. As virgens da parábola, que chegaram atrasadas às núpcias, em vão batem à porta. De dentro apenas lhes chega aos ouvidos esta resposta terrível: *Nunca vos conheci* (Mt 7, 23). A justiça divina deve ter a última palavra. Porém, também é verdade que *Deus não quer a morte do ímpio, antes quer que ele se converta e viva* (Ez 18, 23), que Deus *não quebrará a cana rachada, nem apagará a tocha que ainda fumega* (Mt 12, 20). Cristo afirma a mesma coisa: *O meu Pai não quer que se perca nenhum destes pequeninos* (Jo 6, 39). A sua misericórdia infinita, como a sua justiça, terá também a última palavra.

Como conciliar o triunfo simultâneo da justiça e do amor divino? A antinomia foi resolvida no Calvário. Em nome da humanidade pecadora, Cristo sofreu na cruz a

A LIBERTAÇÃO 175

separação cruel que o pecado cava entre o homem rebelde e Deus desprezado. «Deus não poupou o seu próprio Filho», escreve São Paulo, mas «entregou-o à morte por nós» (cf. Rm 8, 32). A justiça de Deus foi satisfeita, e ao mesmo tempo o seu amor triunfou, pois nunca recebeu do coração de um homem tanto amor como dAquele que tomou sobre si as nossas faltas: *Deus o ressuscitou para nossa justificação* (Rm 4, 25). De certo modo, Cristo foi crucificado sobre as portas do inferno, com os dois braços estendidos, como que para impedir os homens de abrirem essas portas, e querendo dizer-lhes: Não se pode passar. Não é esta a certeza que nos dá São Paulo? «De hoje em diante, não há condenação para aqueles que são um só corpo com Cristo» (cf. Rm 8, 1).

Deve-se notar que o último pedido do Pai-nosso já foi satisfeito. Mais do que uma súplica, é um ato de fé: «Pai, nós vos damos graças porque em Jesus, vosso Filho, nos arrancastes à desgraça eterna».

Na palavra *mal* podemos compreender as tendências baixas que cada um traz consigo, todo esse conjunto de concupiscências desregradas que inclinam a nossa vontade contra a lei de Deus. Se está nas nossas mãos dominar-lhes a violência – mortificando-as –, já seria inútil esperar que elas desaparecessem; mas ainda aqui o cristão sabe que está livre da sua tirania graças a Jesus Cristo. Às inclinações do mal contrapõem-se os impulsos da graça que nos fazem preferir o bem.

Mas São Paulo faz-nos notar que não temos de lutar apenas contra as potências humanas, que temos de resistir também às ciladas do demônio (cf. Ef 6, 11-12), cuja ação Cristo denunciou várias vezes. É Satanás que arranca a palavra de Deus do coração dos homens para impedir que acreditem e se salvem. É o diabo que vem semear o joio no meio da seara. Foi ele que entrou em Judas, que atacou a fé dos Apóstolos durante a paixão do Mestre, e que os quis joeirar como o trigo passado pelo crivo. Escreve São João que *todo o mundo jaz sob o poder do Maligno, o qual não tem poder sobre aqueles que nasceram de Deus* (os batizados) *porque Cristo, o Unigênito de Deus, os protege* (1 Jo 5, 18--19). Palavras que constituem como que um eco da última oração do Salvador pelos seus Apóstolos: *Pai, não te peço que os tires do mundo, mas que os preserves do Mal* (Jo 17, 15). O pedido final do Pai-nosso relaciona-se muito com o terrível adversário da salvação dos homens: «Livrai-nos do espírito do mal».

Mas ainda aqui, Cristo satisfez antecipadamente o nosso pedido: «O príncipe deste mundo será lançado fora: ele já está condenado» (cf. Jo 12, 31). O cristão unido a Cristo é mais forte do que Satanás. É capaz de fazer frente a todas as forças do mal que, no quarto Evangelho, o Salvador designa por *mundo. Coragem*, diz-nos, *eu venci o mundo* (Jo 16, 33). Não nos promete que venceremos o mundo. Dá-nos uma certeza mais sólida: *Eu venci o mundo.* A sorte do mundo já está decidida. Os cristãos estão no campo do vencedor, embora peçam a Deus que lhes conceda a liberdade que Cristo nos mereceu. «Pai, as nossas algemas jazem por terra: não permitais que voltemos a carregar os nossos braços com elas, não permitais que nos entreguemos ao Maligno, pois Cristo nos livrou dele».

A LIBERTAÇÃO 177

Esta esperança lança uma luz nova sobre todos os termos da nossa oração. Como Cristo ressuscitado venceu Satanás, o pecado e a morte, não faz sentido que tenhamos receio dos males da terra. *Os sofrimentos do tempo presente não têm comparação com a glória que se deve manifestar em nós* (Rm 8, 18). *A leve aflição de um momento prepara-nos também, acima de todas as medidas, um peso de glória eterna* (2 Cor 4, 17). Cristo resgatou-nos: é nEle que devemos depositar a nossa confiança quando o tentador rondar à nossa volta. Deixando de ser cativos do nosso egoísmo, seremos misericordiosos com os nossos irmãos, como o Pai é misericordioso conosco. Partilharemos com eles o pão que Deus preparou para todos os seus filhos, em vez de ficarmos prisioneiros dos nossos interesses, dos nossos desejos, das nossas preocupações. Na liberdade dos filhos de Deus, com os pecados perdoados, fortalecidos contra a tentação, libertados das nossas dívidas, alimentados todos os dias com forças renovadas, unimos a nossa vontade à da Bondade Suprema, entramos no reino não como súditos, mas como filhos, cantando os louvores do nosso Pai e saboreando desde já as belezas da nossa sublime filiação.

É assim a oração que Cristo nos ensinou. É acessível aos espíritos mais simples, e as inteligências mais penetrantes não conseguem esgotar as riquezas que ela encerra. Esta oração, que ocupa poucas linhas, põe-nos em contato com o universo, com «Deus e a humanidade, o céu e a terra, o futuro e o presente, as esperanças eternas e as misérias desta vida, os interesses de Deus e os nossos, os de cada um e os de todos» (Ollé-Laprume).

A oração do Senhor faz-nos percorrer o circuito maravilhoso que parte de Deus, nosso princípio, para nos fazer regressar, purificados e fortificados, a Deus, nosso fim. Faz-nos descer das regiões celestes até esta pequena terra onde Deus nos ajuda a subir às alturas a que nos destinou. Responde com igual bondade às necessidades da nossa vida física, às aspirações da nossa vida moral e às esperanças inauditas da nossa divinização.

O Pai-nosso, que é um resumo da nossa fé, é também um resumo dos nossos deveres, sendo por assim dizer a magna carta da caridade. É o cântico do nosso amor a Deus, amor filial que se apraz em glorificar o mais amoroso dos pais e se liga a Ele pelos laços de uma obediência jubilosa. Podemos recitá-lo isoladamente. Mas, mal articulamos as primeiras palavras, já todos os nossos irmãos estão conosco diante do *nosso Pai*. Pedimos para eles, ao mesmo tempo que para nós, o pão, o perdão, a coragem, pomos tudo em comum com eles.

A oração do Senhor, oração de todos os homens, oração do homem completo, deve ser, portanto, a oração de toda a nossa vida. Nos primeiros séculos da Igreja, quando, na noite do batismo, o neófito a pronunciava pela primeira vez, recitava-a voltado para o Oriente. Que o Pai-nosso seja sempre a oração do nosso levantar, do nosso regresso diário à vida, a nossa súplica diante dos trabalhos e das dificuldades de que o novo dia vai estar cheio, a renovação da nossa consagração ao Pai, que nos ama. Também todas as tardes a oração dominical nos fornece o tema do exame de consciência, e o da ação de graças ao fim do dia.

O Pai-nosso é a oração familiar por excelência. Pode aconselhar-se aos esposos cristãos que a recitem juntos,

A LIBERTAÇÃO 179

lentamente, deixando que o seu espírito paire acima das palavras usuais.

«Pai, *nosso* Pai, Pai daqueles que dormem nos nossos berços, Pai dos que repousam nos nossos túmulos, uma vez que partilhamos convosco a glória da paternidade, fazei com que a nossa casa seja o lar de uma família cristã.

«Que o *vosso nome*, balbuciado pelos lábios dos nossos filhinhos, seja também venerado pelos nossos e sempre respeitado em nossa casa.

«*Reinai* sobre as nossas consciências e sobre os nossos corações. Fazei que sejamos dóceis aos vossos mandamentos, submissos aos vossos desígnios, corajosos sob o peso da cruz, para que a nossa única lei seja a vossa vontade.

«Pai, nós temos confiança em Vós, *dai-nos* e dai a todos os homens o *pão de cada dia*, a saúde e a força necessárias para o ganharmos.

«Se transgredimos a vossa lei, *perdoai-nos as nossas ofensas*». É possível que, nesta altura da oração, as nossas mãos se procurem, e que bem depressa se dissipe o mal-entendido de um instante, e então continuaremos a olhar um para o outro: *assim como nós perdoamos a quem nos tem ofendido*. O sorriso que nos restitui a paz garante-nos também o perdão de Deus.

«Pai, não permitais que se levante contra nós o inimigo que pode destruir o nosso amor mútuo. Não nos deixeis cair na tentação do egoísmo, nas seduções do mundo, nos perigos das horas solitárias. Mas livrai os nossos filhos e a nós mesmos de tudo o que se chama *mal*. Livrai-nos das ciladas do *Maligno*. Amém».

TERCEIRA PARTE

Sob o olhar de Deus

Quando jejuardes, não vos mostreis acabrunhados como os hipócritas, que desfiguram o rosto para que os homens vejam que jejuam; em verdade vos digo: esses já receberam a sua recompensa. Mas tu, quando jejuares, perfuma a cabeça e lava o rosto, para que os homens não vejam que jejuas, mas apenas o teu Pai, que está em segredo; e teu Pai, que vê o que se passa em segredo, te recompensará [...].

A lâmpada do teu corpo é o olho. Se o teu olho for são, todo o teu corpo terá luz; se o teu olho for defeituoso, todo o teu corpo estará em trevas. Se a luz que há em ti são trevas, como não serão as próprias trevas? [...].

Não podeis servir a Deus e às riquezas. Por isso vos digo: Não vos inquieteis por vossa vida, sobre o que haveis de comer, nem por vosso corpo, sobre o que haveis de vestir. Não é a vida mais do que o alimento, e o corpo mais do que a vestimenta? Olhai as aves do céu, que não semeiam nem ceifam, nem recolhem em celeiros, e o vosso Pai celeste as alimenta. Não vaieis vós muito mais do que elas? Quem de vós, com as suas preocupações, pode acrescentar um côvado sequer à sua vida? E com a vestimenta, por que vos preocupais? Olhai os lírios do campo, que não se fatigam nem fiam; digo-vos que nem Salomão, em toda a sua glória, se vestiu como um deles. Se à erva do campo, que hoje existe e amanhã é lançada ao fogo, Deus a veste assim, não fará Ele muito mais convosco, homens de pequena fé? Não vos preocupeis, pois, dizendo: Que havemos de comer? ou: Que havemos de beber? ou: Com que nos havemos de vestir? Por tudo isso se afligem os gentios; porém vosso Pai celeste bem sabe que de tudo isso necessitais. Buscai, pois, primeiro o reino de Deus e a sua justiça, e tudo o mais vos será dado de acréscimo. Não vos preocupeis, pois, com o dia de amanhã, porque o dia de amanhã cuidará de si. Basta a cada dia o seu cuidado.

Mt 6, 16-34

O significado do jejum

> *Quando jejuardes, não vos mostreis aca-*
> *brunhados como os hipócritas.*

> Mt 6, 16

O texto da oração dominical que São Mateus incorporou no Sermão da Montanha quebrou levemente a simetria dos três conselhos relativos às principais práticas da religião. Convém lembrar que Cristo quer que a vida religiosa dos seus discípulos esteja centrada apenas em Deus, «no segredo» das suas almas, sem outra intenção além da de o glorificarem pela obediência. Que se livrem de fazer alarde e de se envaidecerem pela sua beneficência e pela sua piedade. O Pai, *que vê o que se passa em segredo*, deve ser também a única testemunha da sua renúncia. Cristo toma para exemplo o *jejum*.

Quando jejuardes, não vos mostreis acabrunhados como os hipócritas, que desfiguram o rosto para que os homens vejam que jejuam; em verdade vos digo: esses já receberam a sua recompensa. Mas tu, quando jejuares, perfuma a cabeça e lava o rosto, para que os homens não vejam que jejuas, mas apenas o teu Pai, que está em segredo; e teu Pai, que vê o que se passa em segredo, te recompensará.

Atualmente, a palavra «jejum» pouco mais evoca do que uma recordação. Além de que os dias em que a autoridade eclesiástica o impõe foram reduzidos a um número muito pequeno, a sua prática, por outro lado, foi notavelmente abrandada. Não se podem comparar as três refeições autorizadas atualmente entre os católicos com a abstenção total de alimentos e de bebidas que foi a regra de outros tempos. No entanto, esta atenuação disciplinar denota que, diferentemente da oração, o jejum não é um fim em si mesmo, mas apenas um meio, e que temos de mortificar outras paixões além da gula. O valor das privações corporais funda-se na penitência interior que só Deus conhece e de que elas são a expressão. Devem ser um sinal externo da conversão profunda que Cristo transformou em obrigação universal. Mas nada nos pode esclarecer melhor o seu significado do que o esboço rápido da história desta instituição.

A prática do jejum encontra-se na maior parte das religiões da Antiguidade. Prende-se com a ideia geral de «sacrifício», mediante o qual o homem reconhece a soberania de Deus. Tudo o que possui vem dEle, e deve dar-lhe graças por isso. Com este fim, priva-se do fruto legítimo do seu trabalho; leva ao altar as primícias das colheitas ou imola-lhe o melhor cordeiro do rebanho. Ora, de todos os bens com que Deus o cumulou, o mais precioso é a vida. Não pode, evidentemente, aniquilá-la, mas, ao abster-se de alimentos, confessa que Deus é o único senhor da sua vida e que a coloca entre as mãos dEle. Por outro lado, a dor física que se segue a uma abstenção temporária de alimentos reveste esta prática de um caráter penitencial que veio a tornar-se o seu elemento fundamental: o homem pecador manifesta deste modo o arrependimento das suas faltas.

Para nos limitarmos à religião de Israel, os jejuns foram a princípio muito pouco numerosos. Ao lado do jejum nacional obrigatório do dia das Expiações (*Yon Kippur*), eram decretados outros jejuns em certas circunstâncias, por exemplo na altura da morte de um rei, ou em épocas de calamidade pública. Depois do regresso do cativeiro, surgiram outros jejuns oficiais. Mas, paralelamente, o jejum existia a título de devoção particular e facultativa, pelas razões mais diversas. No tempo de Cristo, os fariseus e os discípulos de João Batista jejuavam duas vezes por semana.

O jejum consistia na abstenção completa de alimentos de uma noite à outra. De um modo geral, era acompanhado de outras práticas de humilhação. Os que jejuavam vestiam-se com um saco grosseiro e deitavam-se sobre o pó das ruas ou sobre a areia dos caminhos. Estas práticas foram depois substituídas pela das cinzas da lareira, com as quais cobriam a cabeça e o rosto. É para protestar contra semelhante exibição que Cristo aconselha os seus discípulos a lavarem o rosto e a perfumarem os cabelos.

Jejuar era, segundo uma fórmula corrente, «afligir-se» ou «humilhar a alma» em sinal de um arrependimento profundo. *Voltai para mim de todo o vosso coração*, dizia em nome do Senhor o profeta Joel, *com lágrimas, com jejuns e com lamentações* (Jl 2, 12). Contudo, existia o risco de atribuir àquilo que não passava de um sinal externo um valor purificante de certo modo automático. Os Profetas esforçaram-se por corrigir esse desvio. O Profeta do Cativeiro, ouvindo o povo lamentar-se de que Deus se mostrasse indiferente às mortificações dos israelitas, responde-lhes nestes termos: *É que no dia do vosso jejum – diz o Senhor –, continuais a ser cobiçosos e a oprimir os vossos mercenários: passais os vossos dias de jejum em querelas e rixas, e aos murros... Curvar a cabeça como um junco, deitar-se sobre o saco e sobre a cinza?... O jejum que eu quero é que repareis as vossas injustiças, perdoeis aos vossos devedores, dividais o vosso pão com quem tem fome, acolhais debaixo do vosso teto os desgraçados sem asilo, vistais aqueles que andam nus, não desprezeis os vossos semelhantes. Então a tua luz nascerá como a aurora, e a tua justiça caminhará diante de ti; então, quando gritares pelo Senhor, Ele dirá: Eis-me aqui* (Is 58, 3-9).

O Evangelho não tem nada a acrescentar a uma revelação tão precisa. Cristo, seguindo o exemplo dos grandes Profetas, começa a sua missão por um jejum absoluto de quarenta dias; depois, evita singularizar-se. Os seus adversários não deixarão de sublinhar com certo desprezo que Ele não é um asceta do calibre de João Batista, ao que Cristo responde facilmente, fazendo notar aos que o censuram que não foram mais dóceis à pregação de João do que à dEle. Mas quando os fiéis partidários do Precursor manifestam a Jesus a sua admiração pelo fato de os seus discípulos não jejuarem, o Mestre responde: *Numas bodas, porventura je-*

juam os amigos do esposo? Enquanto o esposo está com eles, não podem jejuar. Mas virão dias em que lhes será tirado o esposo, e nesses dias jejuarão (Mc 2, 18-20).

Esta comparação dá aos cristãos a noção exata do jejum. Devemos concebê-lo como uma manifestação de tristeza. Quando estamos de luto ou somos dominados por um grande desgosto, é inútil pormo-nos à mesa, pois mal tocamos nos alimentos que nos servem. Não temos gosto por nada, pomos de lado o que é supérfluo. Também quando tomamos consciência de que os nossos pecados são recusas de amor, devemos sinceramente ficar aflitos por termos correspondido tão mal à bondade do Pai que nos ama. Comer e beber? Não temos apetite quando o desgosto nos domina. Devemos concordar que, olhado deste ângulo, o jejum não é destituído de beleza nem de verdade.

Não parece que os Apóstolos tenham instituído nenhum jejum. Contudo, podemos ver que recorrem a ele em circunstâncias graves, como que para se tornarem mais dóceis à ação do Espírito Santo, por exemplo antes da partida da missão de Barnabé e de Saulo (cf. At 13, 3). Estes, por sua vez, antes de designarem os «anciãos» que haviam de dirigir as comunidades por eles fundadas, recorrem também à oração e ao jejum (cf. At 14, 22). Sabemos igualmente o lugar que os jejuns ocupavam nos trabalhos apostólicos de São Paulo.

Contudo, os cristãos dos primeiros séculos não esqueceram a palavra de Jesus. O primeiro jejum solene a que a Igreja submeteu os fiéis foi o da Sexta-Feira e Sábado Santos, aniversários dos dias em que o «Esposo foi tirado aos seus amigos» (cf. Lc 5, 35). Adotaram desde muito cedo o hábito dos judeus piedosos, que jejuavam duas vezes por semana, salvaguardando sempre o princípio da liberdade cristã enunciado por São Paulo. O Apóstolo, comparando o comportamento de dois fiéis, dos quais um se abstinha de certos alimentos, enquanto o outro pensava que podia comer indiferentemente de tudo, deu-lhes este conselho: *Que aquele que come de tudo não despreze aquele que se abstém; e aquele que se abstém não julgue aquele que come de tudo* (Rm 14, 3). No entanto, na época em que a ameaça periódica de perseguições mantinha vivo o fervor dos cristãos, estes não punham dificuldades em jejuar, ao longo do ano, até três dias por semana.

Não é destituído de interesse notar a relação que a Igreja estabeleceu entre o jejum e a esmola. Sob o pontificado do papa Cornélio, em meados do século III, os 1.500 pobres da Igreja de Roma eram mantidos graças às receitas provenientes dos 132 dias de jejum de 10 mil cristãos que essa Igreja contava na época. O jejum devia ser acompanhado de uma esmola correspondente à quantidade de alimentos de que cada um se privava. Num escrito eclesiástico composto um século antes, o *Pastor de Hermas*, descrevem-se minuciosamente as obrigações dos que jejuavam: «No teu dia de jejum, não deves comer senão pão e água. Deves calcular o montante da despesa que farias nesse dia para te alimentares e deves dá-lo a uma viúva, a um órfão ou a um pobre. Deste modo, privar-te-ás para que outro aproveite da tua privação para se saciar e orar ao Senhor por ti».

No século V, Santo Ambrósio e Santo Agostinho afirmam que é um dever de justiça dar aos pobres aquilo que se poupa com as refeições que não se fazem. «É preciso, diz igualmente São João Crisóstomo, que outro coma em vosso lugar o que vós teríeis comido se não tivésseis jejuado». O papa São Leão vai mais longe nas suas considerações: «O jejum sem a esmola não seria uma abstinência, seria um ato de avareza». O jejum e a esmola eram dois meios complementares de elevação espiritual. O mesmo papa resume a doutrina da Igreja sobre o jejum acentuando que se trata menos de castigar o corpo do que de purificar a alma. Em que medida um favorece o outro, veremos mais adiante.

Deste breve bosquejo histórico, porém, podemos já concluir que o valor da mortificação corporal é o valor que a nossa intenção lhe dá. Deus não nos pede a mortificação mais dolorosa, mas a que encerre mais amor. Um coração que ama não mede a sua dor, pois compromete todo o seu amor na menor das privações.

E para que não nos extraviemos quanto ao fim do nosso sacrifício, Cristo mostrou-nos a sua preferência pelo sacrifício escondido. O fariseu que desprezava o asseio pessoal e deixava traços de cinza nos cabelos informava indiretamente o público de que ainda não tinha comido. Segundo as palavras do Salvador, a sua vaidade satisfeita seria toda a sua recompensa. O cristão deve evitar que os homens lhe conheçam as privações. Quando jejua, deve poder pensar-se que vai a uma festa, com o rosto cuidadosamente lavado, com os cabelos perfumados.

São Francisco de Sales cometeu um dia a distração de confessar singelamente: «Nunca estou tão bem como quando não estou completamente bem». É uma penitência que se situa indubitavelmente na linha do Evangelho, e qualquer pessoa que a queira experimentar notará que às vezes custa muito. Mortificar-se pelos outros sem que eles o suspeitem. Não estar totalmente bem para que eles estejam um pouco melhor. Mas isso – Cristo afirma-o expressamente – em segredo. Que só Deus o saiba. *E teu Pai, que vê o que se passa em segredo, te recompensará.*

O ascetismo Cristão

Mas tu, quando jejuares, perfuma a cabeça e lava o rosto.

Mt 6, 17

Deus quer ser o único confidente das nossas mortificações corporais, como aliás de todos os nossos sacrifícios. Não é de supor que tenha prazer no sofrimento dos seus filhos – hipótese tão ridícula como ímpia –, mas aprecia a generosidade da nossa obediência quando, para lhe sermos fiéis, nos privamos de um prazer, sem resmungar, alegremente, «com o rosto lavado e os cabelos perfumados», como num dia de festa.

Mas, além disso, levanta-se a questão da utilidade de tais renúncias, ou, em linguagem clássica, da *necessidade do ascetismo*.

A ascese foi primitivamente o exercício de uma arte, de uma profissão; depois, a palavra foi aplicada sobretudo ao gênero de vida dos atletas, que se treinavam no pugilato ou na corrida nos estádios. Os estoicos foram os primeiros a comparar aos trabalhos do atleta os esforços que o sábio deve praticar para realizar os seus ideais de virtudes. São Paulo, por sua vez, para estimular os fiéis de Corinto a perseverar na prática das virtudes evangélicas, apresentava-lhes o exemplo dos atletas que eles aplaudiam nos «Jogos ístmicos». Estes lutadores, além de se submeterem a um treino metódico, impunham-se, escreve, toda a espécie de privações.

Também na vida cristã há um combate em que não podemos esperar o triunfo se não nos submetemos a uma «ginástica» – conhecida, aliás, pela expressão «exercícios espirituais» –, bem como à privação de certos prazeres, em si mesmos inofensivos. A seleção e o uso das práticas ascéticas são deixados à nossa escolha, variam segundo a vocação, a condição e o temperamento de cada um.

Qual é o seu verdadeiro fundamento? Uma parábola do Evangelho ajudar-nos-á a esclarecê-lo: «O agricultor poda os sarmentos para que deem fruto mais abundante» (cf. Jo 15, 2). À primeira vista, parece que o agricultor que se entrega a esse trabalho executa uma obra de morte: corta os ramos, sacrifica os rebentos, a seiva cai inutilmente na terra; mas, na realidade, impede que o arbusto se esgote, garante flores mais belas e frutos melhores, realiza uma obra de vida. Também a mortificação pode parecer, a um olhar superficial, uma medida negativa, uma pena inútil; mas, na realidade, contribui para melhorar a vida espiritual.

«A ascese cristã, escreve Max Schuler, não tem por fim recalcar, e menos ainda arrancar os instintos naturais; tem por fim subordiná-los e dominá-los, e fazer que sejam pe-

O ASCETISMO CRISTÃO

netrados pouco a pouco pela alma e pelo espírito». Não pensemos que tudo é mau na nossa natureza; seria criminoso mutilar inconsideradamente a obra do Criador. Aquilo que é preciso mortificar – literalmente, o que é preciso «matar» ou «amortecer» em nós – são os vícios da nossa natureza, a sua resistência ao desenvolvimento das nossas qualidades superiores. «Morrer para si», segundo a fórmula tradicional, não significa que devamos aniquilar a nossa personalidade, nem enfiar o nosso pensamento num espartilho, nem matar a nossa espontaneidade. É o contrário: precisamente porque convém desenvolver a nossa personalidade, é que devemos desembaraçá-la daquilo que impede o seu desenvolvimento, em suma, o seu enriquecimento; não o conseguimos, porém, senão reprimindo em nós o egoísmo feroz daquilo que São Paulo tão justamente chamava o «homem velho», o homem que o pecado encarquilhou. Há no nosso íntimo dois princípios antagônicos que disputam o domínio sobre nós: o egoísmo e a bondade. O ascetismo cristão tende a sacrificar o homem velho ao homem novo, recriado em nós por Cristo.

Ora, isso é indubitavelmente um trabalho do espírito, da consciência que distingue entre o bem e o mal, do juízo que deve preferir aos apetites naturais as ordens da razão, da vontade que deve dominar a nossa sensibilidade.

Numa comparação familiar, a sensibilidade é como um motor que tem, fundamentalmente, potência; a razão é o volante que dirige a máquina; a vontade acelera ou modera a velocidade. Se os freios deixam subitamente de funcionar, a catástrofe será inevitável. No plano moral, os nossos apetites sensíveis são forças físicas violentas, impetuosas mesmo, necessárias para nos levarem à ação; mas as nossas faculdades superiores que as controlam são muitas vezes incapazes de as conter sem a ajuda de um freio físico, constituído pela mortificação corporal.

No entanto, convém ter em conta que uma freada brutal pode provocar também um acidente. Tem acontecido que alguns ascetas, à força de extenuarem o corpo, padecem tentações terríveis. É inútil torturar o corpo, porque o seu pecado subsiste sempre e determina reações terríveis de orgulho, de dureza ou de fanatismo.

O corpo é auxiliar da alma, não é ele que deve ser martirizado, mas as concupiscências pecaminosas que se manifestam simultaneamente na alma e no corpo. Uma vez mais a palavra de Cristo nos coloca em face da realidade: *Cuidai de que os vossos corações não se tornem pesados com o excesso de comida ou com o excesso de bebida* (Lc 21, 34). O domínio de nós mesmos depende, antes de mais nada, dos «nossos corações», isto é, da nossa consciência, do nosso juízo, da nossa vontade; mas Cristo nos previne que estas faculdades espirituais sofrem o contragolpe da gula ou do abuso das bebidas. O que se dá demais à vida material subtrai-se à vida espiritual. O ascetismo produz o resultado inverso. Concentra-se sobre a vida material para dar à vida do espírito o seu desenvolvimento pleno. Este corte não prejudica as funções vitais necessárias, incide apenas sobre o prazer a que elas dão ocasião. Não suprime o repouso, combate a moleza; não priva o corpo do alimento necessário, modera a satisfação do gosto pessoal; em todas as circunstâncias, garante o predomínio do espírito sobre o corpo.

O ASCETISMO CRISTÃO

No entanto, alguns fazem esta objeção: «Será absolutamente necessário impor ao corpo privações, e com maior razão ainda, sofrimentos, quando a virtude da temperança garante, só por si, o equilíbrio que procuramos? Para que serve a mortificação, quando a *moderação* basta?»

Teoricamente, o raciocínio é inatacável; mas assenta sobre um dado irreal. A temperança bastaria se a nossa sensibilidade e a nossa vontade se encontrassem em ponto morto, a igual distância do bem e do mal; mas na realidade, encontram-se já inclinadas para o mal. A realização do bem exige antes de mais nada um trabalho de correção. Na prática «moderar-se» é, para muitos, equivalente a privar-se; é, pelo menos, o primeiro degrau na disciplina das paixões. «O peso das nossas inclinações sensíveis, dizia monsenhor d'Hulst, desequilibrou a balança da nossa liberdade, e o prato do prazer ficou mais pesado: é preciso colocar sobre o prato do dever o contrapeso permanente da mortificação».

Fazendo serviço militar no Saara, o lugar-tenente Psichari escrevia: «Nada nos faz adiantar mais na vida espiritual do que viver de um punhado de arroz por dia e de um pouco de água salgada... Nada prepara melhor uma alma para receber a Deus que despojá-la completamente do prazer sensível. Como é natural, o pensamento do eterno brota de um coração de onde se arrancou completamente o que é efêmero na vida». Suponhamos que no ano de 1912, em que escrevia essas linhas, Psichari tivesse levado tranquilamente na França a vida habitual da guarnição; não teria sido capaz de conceber sequer a possibilidade de conversão.

Se ultrapassamos o ponto de vista do moralismo para nos colocarmos no plano religioso, devemos reconhecer que a necessidade da conversão, imperiosamente aconselhada por Cristo, exige práticas penitenciais.

É certo que é apenas o sacrifício de Cristo que nos merece o perdão dos nossos pecados e a remissão das penas que eles nos acarretam; mas tem por contrapartida necessária o nosso arrependimento que, se for sincero, deve traduzir-se numa vontade firme de não voltar a cair nos desmandos passados. E não há outro meio de consegui-lo senão "regulando" as nossas paixões. Uma vez que a busca do prazer contrariou, e há de contrariar sempre, o impulso da nossa consciência para o bem, só privando-nos de prazeres legítimos é que podemos corrigi-la, como se faz no mecanismo de um relógio que se atrasa. O orgulhoso não se tornará humilde por deixar de se gabar, mas por saber ocultar-se quando surge a ocasião de sobressair, e por aceitar serenamente a humilhação. Não dominamos completamente a cupidez conformando-nos estritamente com as regras da justiça; temos de empobrecer, despojando-nos voluntariamente mediante a esmola. E assim por diante.

O cristão, unido a Cristo pelo batismo, deve «caminhar por um caminho novo», escreve São Paulo (cf. Heb 10, 20), «colocar os seus membros ao serviço de Deus» (cf. Rm 6, 19), «crucificar a sua natureza pecadora, com as suas paixões e as suas concupiscências» (cf. Gl 5, 24). O Apóstolo tinha uma ambição mais elevada: *padecer no seu corpo os sofrimentos de Cristo, para que a vida de Cristo se manifestasse também no seu corpo* (2 Cor 4, 10). A mortificação cristã conduz a horizontes ilimitados, pois nos torna semelhantes ao Mestre, e esta semelhança é uma alegria. «Amo a pobreza, notava Pascal, porque Ele a amou».

Perfuma a cabeça e lava o rosto. O Senhor quer ver-nos alegres no seu serviço. A penitência do seu discípulo não é uma procura malsã do sacrifício, mas a condição serenamente acolhida de uma fidelidade mais perfeita ao ideal cristão. Também não consiste em «fazer sempre o contrário do que gostamos» – como se fosse impossível gostarmos alguma vez do que agrada a Deus. Consiste em amarmos sempre o que devemos fazer. Além disso, as penitências mais salutares não são as que nós escolhemos; são aquelas que Deus escolhe para nós.

Não vale a pena quebrarmos a cabeça à procura de mortificações especiais. Deus as põe todos os dias à nossa porta, juntamente com o pão de cada dia. São as dificuldades e as contrariedades inerentes ao nosso trabalho profissional, a prática das virtudes familiares, e é, acima de tudo, conviver com o próximo alegremente. Em todos estes humildes deveres de cada dia, temos inúmeras ocasiões de renunciar aos nossos gostos, às nossas preferências, ao nosso amor-próprio. Mas só Deus deve saber que o fazemos para lhe obedecer e lhe testemunhar o nosso amor, um amor que não pede, um amor que dá, um amor semelhante ao dEle. É por isso que Cristo deseja que todas as nossas renúncias sejam um «segredo» entre Deus e nós.

A luz interior

> *A lâmpada do corpo é o olho. Se o teu olho for são, todo o teu corpo terá luz; se o teu olho for defeituoso, todo o teu corpo estará em trevas. Se a luz que há em ti são trevas, como não serão as próprias trevas?*
>
> Mt 6, 22-23

O Pai te recompensará. Se o cristão espera recompensa apenas de Deus, deve agir em todas as circunstâncias unicamente com o fim de fazer a vontade divina. É tudo o que Deus nos pede. A santidade não deve ser procurada em ações brilhantes, pois reside unicamente no amor que inspira as nossas ações correntes. Deus não nos julga pelos resultados mais ou menos brilhantes que tivermos obtidos; a perfeição que nos pede, e a perfeição de que todos somos capazes, não consiste na execução, mas na intenção, naquilo que *o nosso Pai vê no segredo* dos nossos corações.

Como esta condição de uma vida verdadeiramente religiosa é de uma importância capital, Cristo insiste nela, pondo-nos de sobreaviso contra tudo o que poderia turvar a limpidez da nossa visão interior: *A lâmpada do corpo é o olho. Se o teu olho for são, todo o teu corpo terá luz; se o teu olho for defeituoso, todo o teu corpo estará em trevas. Se a luz que há em ti são trevas, como não serão as próprias trevas?*

À primeira análise, parece que estes dois versículos em que se fala de luz são pouco claros. Não é, porém, de admirar, porque o arameu falado pelos contemporâneos de Cristo não tinha palavras abstratas como as nossas. Para exprimir noções abstratas, recorria-se a imagens, como a do caso presente. Damos o nome de «consciência» à faculdade que nos indica qual é o nosso dever. Mas, à falta desta palavra, dizia-se paralelamente: «a luz interior, a *luz que está em ti*». O texto do Evangelho não apresenta dificuldades reais, se soubermos que trata da consciência.

Cristo compara o papel da consciência à função dos olhos na vida física. *A lâmpada do corpo é o olho.* Quando está em perfeitas condições, os objetos exteriores aparecem-nos tal como são, o nosso corpo move-se na luz, pode orientar-se com segurança. Um *olho defeituoso*, pelo contrário, deforma a realidade; engana-nos sobre a situação ou sobre a qualidade dos objetos que nos rodeiam; arriscamo-nos a ir contra obstáculos desconhecidos, avançamos às apalpadelas ou enganamo-nos de caminho; numa palavra, o nosso corpo move-se nas trevas. O mesmo acontece com a nossa «visão interior». Assim como os olhos guiam o corpo, a consciência orienta a nossa vida moral e espiritual; é ela que lança luz e dá relevo ao valor das coisas e das ideias. Se a consciência é reta, orienta-nos para o bem, e toda a nossa vida se desenvol-

A LUZ INTERIOR 201

ve sob a ação da luz. Mas se a consciência está obscurecida ou deformada, caímos no erro, vivemos completamente às escuras. *Se a luz que há em ti são trevas,* conclui Cristo, *como não serão as próprias trevas!*

Mas de onde vem esta «luz que há em nós»? Não é obra nossa, não é a projeção dos nossos pensamentos; acontece até que frequentemente vai contra os nossos desejos. É o reflexo de outra luz. O nosso sentido inato de justiça inclina-se a fazer o bem e a evitar o mal; no entanto, os homens divergem frequentemente na apreciação do bem e do mal. Há consciências errôneas, «luzes interiores que são trevas». O fiel escapa a este perigo; se a sua razão for esclarecida pela fé, a sua consciência será o reflexo de uma luz que provém de Deus. Muito mais privilegiado é o cristão cuja consciência reflete a pessoa e a autoridade do Filho de Deus. Segundo a expressão do próprio Cristo, o batismo faz de nós «filhos da luz». O Espírito de Cristo habita a nossa alma, o seu pensamento ilumina o nosso pensamento.

A «luz que está em nós» não irradia de nós, provém de Cristo. *Eu sou,* disse Ele, *a luz do mundo*; *aquele que me segue não caminha nas trevas* (Jo 8, 12). A sua luz ilumina as nossas consciências; mais ainda, transforma-as em focos luminosos, porquanto Cristo aplicou aos discípulos aquilo que dizia de si mesmo: *Vós sois a luz do mundo* (Mt 5, 14).

Assim como, devido à sua transparência, um bloco de cristal batido por um raio de sol é iluminado e irradia a luz que recebe, assim a verdade que vem de Cristo ilumina a nossa consciência e, ao atravessá-la, torna-a luminosa, capaz de iluminar aqueles que nos rodeiam. Mas, se em vez de um corpo transparente, o feixe luminoso encontra um corpo opaco, um pedaço de carvão, por exemplo, este continua negro. Esta comparação permite explicar a frase um pouco enigmática: *Se a luz que há em ti são trevas...* Se, em vez de ser transparente, a nossa consciência se torna opaca; se o cristão, em vez de ser um foco luminoso, deixa que as trevas lhe invadam o espírito e o coração, daí nascem grandes trevas para ele e para o mundo.

Para sermos filhos da luz, é necessário que o nosso «olho» seja são, que a nossa consciência seja límpida e transparente. Por conseguinte, devemos eliminar todas as barreiras entre a luz de Cristo e a nossa consciência, e limpá-la das más disposições que a tornam opaca aos seus raios. Devemos notar que Cristo se dirige aos discípulos, aos que receberam a luz da fé. Normalmente, o juízo destes cristãos não pode ser *falso*, porque reflete a luz do Evangelho. O Mestre indica-lhes o caso em que cometeriam a imprudência de o *falsear.* Cristo não diz: «se tu não vês», mas: *se a luz que há em ti são trevas*, e ela não se torna trevas se nós não a obscurecemos.

Quando está em causa o valor de uma ação, de uma ideia, de uma pessoa, em vez de nos colocarmos na luminosidade que Cristo nos deu, não obedecemos muitas vezes *a preconceitos!* O preconceito, como a palavra indica, é um conceito formado antes de qualquer exame objetivo da questão; é a opinião corrente, o que se diz, o que se faz, o espírito de partido ou o espírito de classe, a mentalidade das pessoas da nossa profissão, da nossa classe ou do nosso meio social. Isto não é insinuar que os conceitos formados antes, no interior dos grupos a que cada um pertence, sejam inteiramente errôneos; mas não são todos exatos *a priori*. Adotando-os sem exame, muitos cristãos são levados a não ter em conta a doutrina de Cristo, e a pronunciar-se contra ela. Se lhes lembram as prescrições claras do Evangelho – a respeito da caridade para com os adversários, do dever de perdoar a quem nos ofende, da probição de atentar contra as legítimas liberdades dos outros ou de explorar a sua fraqueza, da imperiosa necessidade de respeitar a palavra dada – e a sua resolução já está tomada, protestam que, ao imiscuir-se nos domínios do temporal, a religião está saindo do seu campo. São as trevas.

Convém estarmos prevenidos contra os «preconceitos coletivos», numa época em que se nota uma tendência muito acentuada para a unificação, mesmo nos espíritos independentes, pois as individualidades deixam-se absorver cada vez mais pelos grupos. Isto é consequência de uma fraqueza intelectual inadmissível entre os cristãos. Pensar como os outros dispensa a reflexão. A rotina é um caminho extraordinariamente cômodo; pensar por conta própria exige um trabalho de pesquisa, um estudo dos problemas concretos, um esforço sério para lhes encontrar soluções adequadas. De mais a mais, afirmar um pensamento pessoal contra uma corrente de ideias contrárias, contra o que repetem os nossos vizinhos, os nossos colegas, os que vivem à nossa volta, exige uma energia e uma firmeza menos comuns que a apatia silenciosa. Muitos aderem a opiniões pré-fabricadas com medo das desconfianças dos que os rodeiam, muitas vezes com medo das suas ameaças ou das suas represálias.

A independência de juízo é o risco, mas é também a nobreza da fé cristã. Para nós, o número e a força não constituem critério de verdade. Nem o prestígio do passado, nem a atração da novidade nos influenciam; para nós, o que conta é apenas a *luz que reside em nós*, o pensamento de Cristo, na sua pureza rigorosa e nas suas exigências repletas de audácia.

O que divide os homens são menos as ideias do que os *interesses*. Isto revela uma segunda fonte de preconceitos, que não nasce dos outros, que nasce de nós. O interesse temporal, a vantagem imediata, ofuscam a nossa visão interior. Não é sob a ação desse subjetivismo que devemos julgar – muitas vezes com severidade – a conduta dos outros, pois os mesmos princípios invocados contra eles nos parecem menos absolutos quando somos nós que estamos em causa. Para os outros, nada conhecemos além da regra, ao passo que, para nós, vamos buscar o benefício da exceção. Nunca conseguimos esvaziar completamente o nosso coração, e por isso raramente somos desinteressados em face da verdade. Quando um princípio de moral redunda em vantagem para nós, achamo-lo de uma certeza inatacável, defendemo-lo com paixão. Se a verdade nos assusta ou nos constrange, parece-nos menos certa. É nestes casos que se ouve dizer: «Sobre isso já tenho opinião formada». Formada ou deformada?

Não profanemos a nossa consciência até fazermos dela o precipitado dos nossos instintos, dos nossos hábitos e dos nossos interesses. Não substituamos a luz do sol por uma iluminação artificial, que lança uma luz falsa sobre todas as coisas. Nesse caso, primeiro estamos na incerteza, depois na confusão, e, finalmente, no erro; ora, o erro, quando as suas causas são voluntárias, tem o nome de pecado. São ainda as trevas.

Temos de arrancar todos os véus que interceptam a luz do Evangelho. Mesmo despidos de preconceitos coletivos e dos nossos interesses, pode acontecer que não captemos a verdade, pela mera ação do nosso *humor*. Vemos tudo negro, fechamo-nos em ideias tristes, privamo-nos de confiança e de esperança, sem maldade, é certo, mas sob a ação de uma provação, de um fracasso, de uma dor, e vegetamos na escuridão, descontentes conosco, amargos com os outros, esquecidos de Deus. São as trevas.

Assim como se limpam com todo o cuidado as menores partículas de poeira depositadas na lente de uma objetiva cara, não devemos passar um dia sem purificar a nossa consciência para lhe conservarmos a transparência. Coloquemo-nos com a mesma fidelidade sob a ação direta da luz dAquele que ela deve refletir. «O que é a consciência?, escrevia Monsenhor d'Hulst. É a regra do bem em nós. O que é Cristo? É a regra do bem fora de nós. E estas duas regras não constituem senão uma. A consciência nunca está contente por ter deixado Cristo, nunca se arrepende de tê-lo seguido».

No segredo da oração, devemos fixar os olhos na verdadeira Luz, meditar o seu exemplo, abrir o coração às suas palavras, escutá-lo com docilidade, porque Ele nos encoraja e nos faz pedidos, manifesta-nos as suas queixas e os seus desejos. Se fizermos isto, as trevas haverão de dissipar-se, e captaremos a visão das coisas invisíveis, seremos independentes dos outros e de nós mesmos; «todo o nosso ser terá luz».

Viver no presente

Não vos preocupeis, pois, com o dia de amanhã, porque o dia de amanhã cuidará de si. Basta a cada dia o seu cuidado.

Mt 6, 34

Não estou só, o Pai está comigo (Jo 8, 16). Esta frase, que Cristo pronuncia em várias ocasiões, também pode ser repetida com a mesma certeza, todos os dias, pelo cristão que procura e encontra a Deus «no segredo». E se o Pai está com ele, liberta-o de todas as incertezas. Viver na presença de Deus é *viver unicamente no presente*, numa paz que nenhuma inquietação pode perturbar. Esta confiança, mesmo na incerteza, é a recompensa imediata de uma vida de união com Deus (o *Pai te recompensará*); mas é também a sua pedra de toque. Reconhecemos que vivemos sob o olhar de Deus se a nossa oração for um diálogo a sós com Ele, e não um monólogo conosco próprios, com as nossas preocupações e os nossos receios. É por isso que Cristo nos quer ver livres das preocupações do dia de amanhã, e totalmente abandonados no nosso Pai que está nos Céus. *Não vos preocupeis com o dia de amanhã, porque o dia de amanhã cuidará de si.*

Para aprendermos a verdade deste conselho de Cristo, vamos precisar primeiro aquilo que ele não significa. Embora se tenha dito, com um certo gosto pelo paradoxo, não é uma exortação à *imprevidência.*

Ao verso do poeta, «Amanhã é que é», o Evangelho contrapõe que hoje é que é, porque o dia presente prepara o de *amanhã.* Hoje podemos prevenir a ameaça de uma catástrofe; amanhã será tarde. Hoje estamos a tempo de prever e de calcular; amanhã poderemos saber as consequências do nosso erro atual, ou colher os frutos da nossa prudência de hoje. Temos, portanto, o dever de olhar mais longe do que o dia presente. Os que comem o pão por amassar caminham para a ruína certa. «Depois de nós, o dilúvio» é a divisa de um egoísmo odioso. A imprevidência é um pecado, que consiste em sacrificar o futuro ao presente. Contudo, a inquietação não é erro menor, pois sacrifica o presente ao futuro. Devemos viver *para o* futuro, para o nosso e dos nossos – mas não viver *no* futuro, como se já tivesse chegado. O futuro é objetivo dos nossos esforços, mas o objeto da nossa atividade não pode deixar de ser o dia de hoje.

O dia de amanhã cuidará de si. A segunda parte da frase evangélica não poderia justificar a *incúria* dos que transferem para amanhã a obra do dia de hoje. *Tudo o que a tua mão encontre para fazer, fá-lo corajosamente,* dizia um sábio de Israel (Ecl 9, 10).

Há razão para aconselhar aos impulsivos que esperem pelo dia seguinte para tomarem qualquer decisão.

VIVER NO PRESENTE

Por outro lado, contemporizar é muitas vezes um modo de triunfar. Em ambos os casos, esperar é tender para um fim, coordenar os nossos esforços e juntar pacientemente as nossas possibilidades de sucesso. Aquele que espera desta maneira não descuida o trabalho de todos os dias; simplesmente decompõe a sua tarefa. Hoje, rotura a terra, semeia, rega; amanhã, faz a colheita.

Porém, deve condenar-se o esperar inerte dos que adiam para o dia seguinte os assuntos graves ou desagradáveis, as resoluções custosas, as reformas urgentes. Somos donos do dia presente, mas só Deus é senhor do tempo, e nunca nos prometeu o dia de amanhã. Geralmente, quem diz «tenho muito tempo» deixa-o perder: são os mesmos que dizem depois, com uma incoerência pouco vulgar: «Já não tenho tempo». O dia de amanhã impor-nos-á deveres novos, que não nos deixarão tempo para os que deviam ter sido cumpridos na véspera. Não podemos contar com o tempo, se não tiramos partido de todas as oportunidades que ele nos oferece. Das crianças que têm um temperamento insuportável, é costume dizer: «Mudará com o tempo». Isso só é verdade na medida em que aproveitem as suas experiências infelizes para emendar a sua conduta. «Os anos não fazem sábios, dizia Madame Swetchine, fazem velhos».

O tempo não faz mais do que passar. Tira-nos, à medida que no-las dá, as possibilidades de ação que não tivermos utilizado. Quando o dia presente é penoso, temos de saber utilizá-lo, sem adiar os nossos esforços para dias hipotéticos em que estaremos mais livres e mais fortes. É frequente ouvir dizer: «Gostaria de ser mais velho alguns dias». E por que não alguns meses ou alguns anos? Ao contrário de Josué, esses gostariam de adiantar a velocidade do sol. Talvez o dia de amanhã e o seguinte sejam para nós luminosos, mas, entretanto, trabalhemos sob a ação do frio e da chuva. O dia mais risonho não nos dará aquilo que nos tiver faltado hoje. Não dispomos do desconhecido; a única certeza da nossa vida resume-se totalmente nas curtas horas do dia de hoje.

Nem imprevidência nem incúria. Guardadas estas duas condições, devemos depositar nas mãos de Deus os resultados imprevisíveis da nossa prudência e dos nossos esforços, confiando na frase de Cristo: *Não vos preocupeis com o dia de amanhã.*

São dignas de pena as pessoas que vivem em transes contínuos porque esperam sempre o pior, que, aliás, não conseguem evitar à força de se atormentarem. Se é perigoso enganar-se com a ilusão de que tudo acabará tendo um jeito, a inquietação não é menos ilusória. Quando nos precavemos contra todas as desgraças que julgamos possíveis, nenhuma delas ocorrerá, e surgirá outra em que nem tínhamos pensado. «Os covardes morrem muitas vezes antes de morrer», disse Shakespeare.

Além de ser inútil, o medo do futuro é desmoralizante. A linguagem corrente recorre a uma imagem tristemente exata quando fala de um homem «corroído» pela inquietação. A inquietação «corrói», na realidade; é deprimente. Não elimina a desgraça que se receia; antecipa-a; aumenta as dificuldades; concentra a atenção sobre todas as razões para desesperar; afasta do risco, sem o qual não há coragem autêntica. O medo do dia de amanhã não diminui apenas o valor do indivíduo; é, em grande medida, antissocial. Se-

VIVER NO PRESENTE 211

meia o pânico, obriga os bancos a fechar as portas, ou lança nas estradas multidões de refugiados, num «salve-se quem puder» mais catastrófico do que o próprio desastre.

Porém, o pensamento de Cristo ultrapassa as considerações do mero bom senso. Para os cristãos, há uma coisa mais grave. Ao preocuparem-se com o futuro, estão desafiando a Providência. *O dia de amanhã cuidará de si*, o que quer dizer que Deus velará por nós amanhã, como velou hoje. O cristão não fecha os olhos nem os ouvidos, nota tão nitidamente como qualquer outro os sinais que denunciam o perigo; mas ouve também dentro dele a palavra de Deus, tantas vezes expressa na Bíblia: «Nada temas porque eu estou contigo... Não inquietes o teu olhar, porque eu sou o teu Deus... Não tenhas receio de nada, porque eu te chamo pelo teu nome, e tu me pertences». Cristo, por sua vez, multiplicou as mesmas recomendações: *Não temais, pequeno rebanho, porque foi do agrado do vosso Pai dar-vos o Reino* (Lc 12, 32). *Tende confiança, porque sou eu* (Mt 14, 27). *Não se perturbe o vosso coração. Credes em Deus, crede também em mim* (Jo 14, 1). O discípulo de Cristo entrega-se ao seu trabalho cotidiano sabendo que foi um Deus infinitamente bom que definiu as condições da sua vida. Contenta-se com viver o melhor que pode, sem perder uma única ocasião de fazer o bem e de fazer bem as coisas, de saborear e de semear a felicidade.

É bom reler as páginas inesquecíveis em que Péguy nos evoca a ordem de Deus: «Eu não amo, diz Deus, o homem que especula para o dia seguinte. Não amo quem sabe melhor do que Eu o que vou fazer, quem pensa no dia de amanhã. Sabeis porventura o que farei amanhã, o amanhã que vos preparo? Eu não amo, diz Deus, aquele que desconfia de mim». Pensemos no futuro com clarividência, mas também com toda a nossa fé.

Não nos preocupemos com o êxito do nosso trabalho cotidiano. O homem que triunfa é aquele que, sem saber para onde o levam os acontecimentos, se encontra preparado para tudo. Por que havemos de querer suportar ao mesmo tempo as cargas de hoje e as de amanhã? Temos sempre forças para triunfar das dificuldades do dia presente. O dia de amanhã trará forças novas, pois Deus concederá as suas graças, e o fardo de amanhã não será mais pesado do que aquele que não nos arrasou hoje.

Podemos ser levados a responder que temos a certeza de que nos esperam dias de desgraça, que não poderemos evitar o infortúnio, a doença, o luto. No entanto, não devemos ser tão medrosos. O futuro mais certo contém também as suas incertezas. O desfecho que julgamos fatal pode escapar ainda à fatalidade. A característica do cristão é a confiança na incerteza. Mas nós esperamos que Deus não nos abandonará e que há de proteger aqueles que amamos. O que nós gostaríamos de saber é que amparo Ele nos reserva; no fundo, temos uma mentalidade de proprietários, e o Evangelho quer fazer de nós desbravadores. Temos de libertar-nos desta timidez debilitante.

A nossa vida caminha, e atormenta-nos saber que temos de prestar contas dela, pois não a fomos empregando como Deus queria. Mas semelhante inquietação não repara os nossos erros passados nem aumenta o nosso arrependimento presente. O pecador que se arrepende dos seus pecados e que pede a Deus que o livre do mal não tem que se preocupar com o seu perdão. Somos nós, ou é Deus que de um pecador pode fazer um santo? O sentimento da nossa culpabilidade torna-nos mais humildes, mais pacientes, mais dóceis, e é com esses meios que Deus nos santifica pouco a pouco. A sua ação lenta e silenciosa faz mais do que a nossa agitação inquieta. É verdade que a morte nos pode surpreender de um momento para o outro. Como ninguém conhece o dia nem a hora, parece razoável que nos inquietemos com esse amanhã fatídico, em que estaremos sozinhos com a nossa miséria diante da santidade divina.

Mas estaremos diante da sua misericórdia. A nossa vida está nas mãos do nosso Pai. Não podemos duvidar de que este Deus soberanamente bom escolha para nos chamar a Ele o dia e a hora em que estivermos mais preparados para repousar entre os braços de Cristo, nosso Salvador. Preparemos seriamente este amanhã que não terá amanhã por meio de uma vida de fidelidade e de obediência. Todas as noites, ao adormecer, ponhamos filialmente, e sem inquietação, a nossa vida entre as mãos do Pai, que a levará quando lhe aprouver. Nenhum sentimento excede em generosidade, em submissão e em adoração, a confiança em Deus. «Meu Deus, eu tenho confiança em Vós», é a oração soberana e a suprema virtude.

Todas as manhãs, os hebreus no deserto apanhavam o maná que Deus destinava à sua alimentação diária. A provisão que os prudentes queriam fazer para o dia seguinte não passava, no dia imediato, de uma mistela podre e mal cheirosa.

«Pai, dá-nos *hoje* o pão necessário à nossa subsistência».

Não vos preocupeis com o dia de amanhã. Que podemos temer, que queremos prever, que queremos saber, se sabemos que o nosso Pai será, amanhã como hoje, o Pai que nos vê em segredo?

O valor de um dia

Basta a cada dia o seu cuidado.

Mt 6, 34

Em vez de nos preocuparmos com os acontecimentos que hão de vir, ou de nos perdermos em remorsos inúteis pelo passado, devemos cuidar apenas do dia presente. Só o homem que vive no dia presente sabe explorar as suas riquezas e pode cumprir integralmente os seus deveres. *Basta a cada dia o seu cuidado*, diz-nos Cristo.

Só se compreende toda a força desta frase, ao mesmo tempo tranquilizante e premente, se se entender referida, não apenas aos trabalhos que temos de suportar, mas também aos trabalhos que devemos assumir, e àqueles que é preciso enfrentar pelos outros. O Mestre, que quer que não tenhamos inquietações pelo dia seguinte, não quer ver-nos sem trabalho no dia de hoje. Espera apenas que as nossas apreensões e as nossas impaciências não agravem o fardo do nosso dia. Não no-lo impõe mais pesado do que aquele que podemos suportar. O trabalho de cada dia basta-nos, e nós bastaremos também para o trabalho de cada dia, desde que vejamos num e noutro a vontade do Pai em quem pomos toda a confiança.

O dia é uma medida divina do tempo. Os homens inventaram calendários e dividiram de diversas maneiras o mês; no dia não tocaram. O dia continua a ser o dia; é sagrado.

O dia é uma divisão natural, constitui um ato da nossa vida. É como um resumo de toda a nossa existência. A semiconsciência do acordar transporta-nos ao tempo da nossa primeira infância. Abrimos os olhos, mas ainda não vemos. Os nossos primeiros gestos são instintivos. Antes de nos reabituarmos à vida, temos de esperar um breve espaço de tempo. Depois desses breves instantes de hesitação, colocamo-nos em face do trabalho que temos de realizar. Diante do nosso espírito desfilam todas as tarefas que nos reclamam, como na época dos projetos, das esperanças ilimitadas, ou do desalento diante das dificuldades a vencer. Lançamo-nos às dificuldades do dia como aos vinte anos nos lançávamos na vida, com um ardor que se acentua à medida que o dia se torna mais luminoso e quente. A idade madura revela-se para cada um na maestria com que exerce a sua profissão ou desempenha as suas funções. O nosso trabalho diário corresponde a essa maturidade. Continua-se, com paragens necessárias; a alternância das satisfações e das inquietações, as contingências e os imprevistos formam a trama que é a miniatura de toda a nossa existência.

Mas ao longo das horas a fadiga faz-se sentir, e o momento em que o dia começa a declinar encarna para nós a antecipação da velhice, que não é feita de lassidão, pois é acompanhada de uma imperiosa necessidade de recolhimento. É a idade benéfica em que as paixões se acalmam e as dificuldades se reduzem às suas justas proporções, em que o pensamento se decanta e se torna mais lúcido. Também todas as noites – não falamos da noite que os civilizados desnaturalizaram, mas da noite calma da natureza, da noite feita por Deus –, todas as noites nos oferecem esses momentos de silêncio, a hora da reflexão, o momento de uma oração prolongada. E quando estendemos os nossos membros para descansar, o nosso espírito está mais desperto do que nunca: dir-se-ia que a alma já está liberta da matéria. Depois, subitamente, sem darmos por isso, o sono aniquila-nos. Perdemos a consciência: as nossas ocupações, o futuro, o mundo, aqueles que amamos, deixam de existir para nós. É a antecipação da nossa partida deste mundo.

Este paralelismo nada tem de artificial. Descreve a obra de Deus em duas escalas diferentes. A nossa vida decompõe-se em tantas vidas quantos dias Deus nos concede.

Um dia tem a sua unidade independente e o seu valor próprio. Ouve-se dizer às vezes a alguns que gostariam de recomeçar a vida. «Ah, se eu pudesse refazê-la, pensam eles, como haveria de orientá-la de maneira diferente, como haveria de fazer que rendesse mais!» Deus supre, de certo modo, esta confissão ilusória, permitindo que todos os dias reparemos algum erro da véspera e consigamos uma recuperação durável. *Basta a cada dia o seu cuidado.* O arrependimento eficaz não consiste em nos iludirmos quanto à nossa miséria, mas em olharmos, por cima das nossas fraquezas, para a misericórdia de Deus, que consente em esquecer as nossas revoltas ou a nossa mediocridade de ontem. «Jogou-as para trás das costas», como diz a Escritura. Hoje podemos evitar o mal, orar e resistir, e triunfaremos mais facilmente das tentações se banirmos da nossa memória aquelas em que caímos no passado. Hoje podemos fazer melhor do que ontem.

No entanto, *cada dia* tem *o seu cuidado*. Dos êxitos alcançados nos dias anteriores, não podemos concluir que basta para o futuro abandonarmo-nos à velocidade adquirida. Não podemos viver das reservas, que se esgotam quando não há o cuidado de as refazer. Os êxitos passados não dispensam o esforço atual, apenas o facilitam. Bastaria uma surpresa para infligir um desmentido doloroso a uma vida até agora exemplar. Se vivermos dos restos da nossa virtude, bem depressa ela não passará de uma recordação. Também hoje é preciso vigiar, orar, trabalhar.

O dia de hoje é a medida divina. O salmista avisa-nos, em nome de Deus, que a nossa salvação se situa nos limites do dia presente: *Hoje podeis ouvir a voz do Senhor e não endurecer o vosso coração* (Sl 94, 7-8). Para cada um existe a sua ocupação: *Hoje, vai trabalhar na minha vinha*, diz o pai da parábola aos seus dois filhos (Mt 21, 28). E Cristo repetirá em linguagem clara: *Enquanto* é dia, preciso de fazer as obras daquele que me enviou; quando a noite chega, já ninguém pode *trabalhar* (Jo 9, 4). Também a oração oficial da Igreja procede por etapas no *Te Deum*: «Dignai-vos, Senhor, livrar-nos hoje de todo o pecado». A cada dia bastam a oração e a graça de um dia. Deste modo, participamos da eternidade de Deus, que vive num eterno presente. Com o Pai, no segredo do dia presente, dominamos o passado e não nos deixamos dominar pelo futuro, sempre prontos e nunca apressados, porque o dia, medida divina, é também a verdadeira medida humana.

Adaptemos sabiamente o uso dos dias à cadência das horas, e nunca perderemos o tempo. Há pessoas que querem fazer muitas coisas simultaneamente. Resultado: esfalfam-se, fatigam-se e fatigam aqueles que as rodeiam. Não devemos imitar a criança impaciente que, ao ler, salta as páginas para saber como acaba a história. Também a nossa história há de acabar. Enquanto esperamos, devemos vivê-la página a página, sem pressas. Os nossos melhores dias são aqueles em que o trabalho e o descanso foram sabiamente equilibrados; os nossos dias maus, pelo contrário, merecem ser chamados, ao pé da letra, dias de desordem, porque, sem motivo razoável, os alongamos pelo excesso de trabalho ou os encurtamos esbanjando o tempo.

A manhã, para o homem fatigado, é a hora de se levantar quando ainda mal repousou, é o cansaço antes do trabalho. «Mais um dia, suspira ele; é preciso recomeçar». O cristão, que respeita o plano divino, acolhe o novo dia como um presente que Deus lhe fez. O seu primeiro pensamento é para o Pai, que o vê em segredo. «É ainda por um efeito da vossa bondade que vejo este dia. Consagro-vos todos os meus pensamentos, as palavras, as ações e os trabalhos». E é feliz de poder recomeçar a sua obra sempre inacabada. Hoje pode fazer mais e melhor do que ontem. Levanta-se radiante e cheio de audácia. Tem todo um dia pela frente.

Um dia passa depressa. A vida também. «A vida, se for bem empregada, é suficientemente longa», escrevia Leonardo da Vinci. Mas o dia mais completo não é necessariamente aquele em que nos tenhamos ocupado exclusivamente de nós. Não perdemos o dia em que tenhamos sido absorvidos pelos problemas dos outros. Perder a vida pelos outros é ganhá-la, diz-nos o Evangelho. *Tu não sabes aquilo que um dia pode gerar*, diz o Antigo Testamento (Pr 27, 1). Também nós não sabemos o que irá produzir o dia que começa. Está cheio de possibilidades, desastrosas ou maravilhosas. Desconhecemos o que pode resultar para nós, para os que nos rodeiam, mesmo para o mundo, de um dia em que empregamos o nosso coração a fazer perfeitamente aquilo que Deus quer. Há dias de doença que são dos mais preciosos de uma vida que sabe aproveitar o sofrimento para se vencer, para se desprender, para se dar. Há dias de velhos, menos debilitantes e mais alegres do que dias vazios de certos jovens, ou do que os dias de excesso daqueles que abusam inconsideradamente das suas forças. Dia bom é aquele em que fazemos tudo o que devemos, e em que fazemos aos outros algum bem.

Toda a coragem reside no dia presente. O resto é «golpe no ar e címbalo que retine». A coragem não reside apenas nas obras difíceis, mas muito mais frequentemente na dura monotonia das ações ordinárias, no esforço por fugir da rotina, por retomar dia após dia as mesmas ocupações. Os heroísmos intermitentes denunciam uma valentia menor do que a regularidade tranquila dos deveres cotidianos.

Toda a santidade reside também no dia presente. Não vale a pena sonharmos com uma perfeição fantástica, que Deus raramente nos pede. Basta a cada dia um esforço modesto, mas sério, de santificação. Temos de acreditar no autor da *Imitação*, o monge desconhecido que ajudou tantos cristãos a viverem santamente. Confessa ele que estaria totalmente descansado à hora da morte se pudesse dizer que pelo menos num dia da sua vida se tinha comportado bem (Imitação, 1,1, 23, 2). Não sonhava com propósitos grandiosos nem com ações brilhantes, ambicionava apenas ter feito tudo o que Deus esperava dele *durante um único dia.*

É grande o valor de um dia. Cada dia é um pensamento novo de Deus a nosso respeito, e uma nova etapa que nos conduz a Ele. Deste modo, o ritmo dos dias na vida escondida que o Senhor quer que lhe ofereçamos dá-nos uma paz interior que nada pode perturbar.

Bem-aventurado o segredo da alma cristã, que Psichari descobriu no deserto africano: «Não te inquietes, viandante. Repousa na paz das tardes e repara nas belas manhãs, sempre com um coração jovem, um coração dócil. O Senhor teu Deus caminha ao teu lado».

Direção geral
Renata Ferlin Sugai

Direção editorial
Hugo Langone

Produção editorial
Gabriela Haeitmann
Juliana Amato
Ronaldo Vasconcelos

Capa
Gabriela Haeitmann

Diagramação
Sérgio Ramalho

ESTE LIVRO ACABOU DE SE IMPRIMIR
A 27 DE NOVEMBRO DE 2022,
EM PAPEL PÓLEN NATURAL 70 g/m^2.